世界紛争地図

「世界情勢」探求会

角川SSC新書

はじめに

外務省のホームページに、「海外安全ホームページ」というコーナーがもうけられているのをご存じだろうか。外国に出かける日本人に向けて、現地の危険度を4段階で通達しているものだ。危険度がもっとも高い「退避勧告」から「注意」を促すものまで、国名と都市（地域）名を公表しているが、その中にはイラク、アフガニスタンといった事実上の戦闘地帯のほか、日本にはあまり馴染みのない国も含まれている。

たとえば、アゼルバイジャン。ヨーロッパの東のはずれ、カフカス（コーカサス）地域に位置するこの国は、1991年（ソ連崩壊時）に独立した時から隣国アルメニアとの間で紛争状態が続いている。争いの原因は「ナゴルノ・カラバフ共和国」という地域の領有問題。アゼルバイジャン国内にぽっかりと浮かぶナゴルノ・カラバフは、アルメニア系住民が暮らす「事実上の独立地帯」となっているのである。この紛争には歴史的な対立と大国の影がつきまとっており、日本の外務省が提示する危険度は、上から2番目の「渡航の延期をお勧めします」というものだ。

もう少し身近な国でいえば、2010年6月にサッカーワールドカップが開催される南アフリカにも危険情報が出されている。この国では、悪名高きアパルトヘイトが撤廃されてから逆に治安が悪化し、一日平均50件もの殺人事件が発生。日本外務省は、南アフリカ国内のいくつもの都市に「十分に注意してください」という4番目の危険度情報を記し、ワールドカップ観戦への注意を促している。

ほかにも、世界には紛争の火種が至る所にくすぶっている。日本から見ると、どこか別世界の出来事のように感じられるが、今や世界はヒト・モノ・カネのネットワークを介してひとつになりつつある。そのため、対岸の火事のように思える遠い外国での紛争が、日本にも少なからず影響を与えているのが実情である。

たとえば、レアメタルなどの資源が多く眠るアフリカでの紛争は、ハイテク機器を扱う業界には頭の痛い話となる。中でもアフリカ中央部に位置するコンゴ民主共和国はアフリカ屈指の資源大国で、金や銅のほか、パソコンや携帯電話に不可欠なコバルトやコルタンなどのレアメタルが豊富に埋蔵されている。だが、民族問題が内戦にまで発展しているため、安定的な資源供給を期待できない状況になっているのだ（日本外務省では、同国東部の諸州に「退避を勧告します。渡航は延期してください」ともっとも高い危険度を記している）。

本書ではこうした紛争地帯を31箇所取り上げ、その原因、最新情報、解決に至らない理由などを詳しく紹介していく。地図を盛り込んでいるので、隣国との国境線、あるいは大国との位置関係を目にすることで、国際的な視野に立って読み進めることも可能になると思う。その上で、それぞれの紛争を客観的に理解し、そこにある危機をより身近な問題として捉え直す機会にしていただければ幸いである。

なお、掲載した情報は、２００９年12月時点までに報道されたものを基本とし、一部、10年２月初め時点のものを加えて構成したことを付記しておく。

２０１０年２月

「世界情勢」探求会

目次

はじめに　2

第一章　アジアの紛争　13

中華人民共和国／新疆ウイグル自治区独立運動
――トルコ系イスラム教徒による東トルキスタン独立運動　14
60年前にあった独立国／民族運動の高揚と弾圧／ネットで広がる民族対立／自治区から減っていくウイグル人

中華人民共和国／チベット独立問題
――「ふたつのチベット」とダライ・ラマ後継者問題　20
チベット動乱と亡命政府／中国が進めるチベット支配／ダライ・ラマ後継者問題

スリランカ民主社会主義共和国／スリランカ内戦
――四半世紀にわたった民族対立。果たして、終結宣言は本当か!?　26
シンハラ人とタミル人の民族闘争／ＬＴＴＥのテロ行為／内戦の疑いなき終結／28万人の難民

カシミール地方／カシミール紛争
——インド・パキスタン間の火種。「核」保有国同士の国境問題！　32
マハラジャの決断／三度のインド・パキスタン戦争／パキスタンが支援した過激派組織／インドを襲うテロ行為

パキスタン・イスラム共和国／対テロ組織掃討作戦
——テロ組織の温床を抱えるイスラム国家の苦悩　38
テロリストの聖域／親米路線によるテロ掃討作戦／ＴＴＰ vs 政府軍

タイ王国／タイ政権闘争
——非合法で過激な市民運動が政権を倒す不思議の国　43
タクシンという人物／タクシン政権後のタイ／赤シャツ集団の反抗

ミャンマー連邦／ミャンマー反政府運動
——政権を譲らない軍事政府、圧政により深まる国民の疲弊　48
社会主義国から軍事政権へ／民主化運動とスー・チー氏の軟禁／欧米諸国の経済制裁／民主化への模索／少数民族問題

インドネシア共和国／イスラム過激派との抗争
——世界最多のイスラム教徒を抱える「モザイク国家」の苦悩　54
スカルノ初代大統領の統治政策／東南アジア最大のイスラム過激派／バリ島及びジャカルタ

でのテロ行為／独自のイスラム信仰を持つアチェ地区／地震被害による和平合意
フィリピン共和国／フィリピン反政府運動
――ミンダナオ島など南部に追われたイスラム教徒たちの独立志向 61
モロ族との軋轢／自治州獲得後も続くテロ行為／貧困による犯罪集団の横行
南シナ海／南沙諸島領有権問題
――アジア6ヶ国が争う持ち主「不明」の島々 66
日本が手放した領有権／小さな島々に潜む大きな魅力／中国の強硬姿勢
東ティモール民主共和国／東ティモール独立紛争
――21世紀最初の独立国に悲願達成後も続く内政混乱 71
東西に分割された小島／インドネシアによる併合／独立反対派との抗争／独立後の治安悪化

第二章　ロシア・中央アジアの紛争　77

グルジア／グルジア紛争
――反露・親米路線を進める旧ソ連構成国の憂鬱 78
ロシアとの遺恨／ロシアの影響力強化／グルジア紛争／「第二の冷戦」勃発か!?／米露にとってのグルジア／グルジアの疲弊

チェチェン共和国／チェチェン独立紛争
――「カフカスの火薬庫」によるロシアの大国主義への抵抗　85
ロシアとチェチェン／独立させない理由／ロシアの軍事進攻／独立派のテロ行為／ロシア傀儡政権のもとで
ナゴルノ・カラバフ共和国／ナゴルノ・カラバフ紛争
――アゼルバイジャン国内にあるアルメニアの実効支配地域　91
異国の中のアルメニア人／ナゴルノ・カラバフを巡る戦争／アルメニアの実質支配／続く緊張状態

第三章　中東の紛争　97

イラク共和国／イラク戦争後の混乱
――宗派対立、反米テロ等で国内はさながら内戦状態　98
イラク復興支援の誤算／反米武装勢力の登場／スンニ派vsシーア派の抗争／新生イラクの行方
アフガニスタン・イスラム共和国／アフガニスタン戦争
――時代をまたいで受ける米露の二大国からの攻撃　104
イスラム原理主義タリバン／アメリカとの戦い／タリバンの復興／何のための戦いか

イラン・イスラム共和国／イラン核問題
──核開発を続ける「悪の枢軸」と「世界の警察」の対立 111
暴露された核開発／イスラエルとの関係／次々と建設される核施設／「神の戦士」による自爆テロ
イスラエル国／パレスチナ問題
──ガザ地区への容赦なき攻撃、イスラエルが進める対ハマス戦略 117
イギリス二枚舌外交の罪／パレスチナ自治政府の分裂／封鎖が進むガザ地区
エジプト・アラブ共和国／イスラム過激派問題
──欧米路線を強める政府にイスラム原理主義者の反抗 122
イスラム過激派が狙う国家転覆
イエメン共和国／過激派の温床疑惑
──アルカイダ系組織が暗躍するテロリストの隠れ家 124
第二のアフガニスタンになる可能性

第四章　ヨーロッパの紛争　127

コソボ共和国／コソボ紛争
――バルカン半島に残された最後の民族対立　128
セルビア人に虐げられるアルバニア人／ミロシェビッチの大罪／国際社会の承認を得られない独立国

北アイルランド／北アイルランド紛争
――プロテスタントに虐げられたカトリックの反抗　132
アイルランドに残されたイギリスの植民地／新たな武装勢力「真のＩＲＡ」の登場

スペイン／バスク紛争
――独立を求めて繰り返されるバスク人のテロ活動　135
独立心旺盛なバスク人／反独立政権が誕生するもテロ再燃

キプロス共和国／キプロス紛争
――地中海の小島で起こったトルコとギリシャの代理戦争　138
ギリシャとトルコの介入／南北格差で困難な再統合

第五章　アフリカ及び南米の紛争　141

ソマリア民主共和国／ソマリア内戦&海賊問題
――内戦と海賊が渦巻く無政府状態が続く「国」　142
氏族集団の主導権争いが内戦の原因に／役に立たなかったＰＫＯ／イスラム過激派が集結／海賊が横行する恐怖の海域

南アフリカ共和国／治安悪化問題
――アパルトヘイト撤廃後に犯罪率が急上昇した理由　148
アパルトヘイト政策／解放された黒人たちの光と影／外国人を狙う犯罪行為

コンゴ民主共和国／コンゴ内戦
――資源をめぐって勃発した「アフリカの世界戦争」　152
７ヶ国による大規模内乱／ツチ族とフツ族の争いも絡む

スーダン共和国／スーダン内戦&ダルフール紛争
――ふたつの地域で継続する紛争。世界が注視する「人道危機」　156
20年で２００万人を殺害／南部独立の動き／もうひとつの紛争

エチオピア連邦民主共和国／イイグラ三角地帯紛争&オガデン問題
――未解決の国境問題でくすぶるふたつの火種　161
肥沃な三角地帯をめぐるエリトリアとの対立／ソマリア人による誘拐事件

ペルー共和国／左翼ゲリラ運動
――世界第2位のコカイン生産国。資金源を得たテロ組織が復活　164
フジモリ元大統領の没落とテロ組織の復興

終章　日本の問題　167
日本／北朝鮮問題&竹島・尖閣諸島問題等
――島国日本が抱える周辺諸国との紛争　168
拉致問題、核開発で世界を震撼させる北朝鮮／北方領土をめぐるロシアとの駆け引き／韓国とは竹島、中国・台湾とは尖閣諸島を争う

地図製作◎㈱アットミクスト

第一章　アジアの紛争

中国／新疆ウイグル自治区独立運動

トルコ系イスラム教徒による東トルキスタン独立運動

多民族国家の中国は国内にさまざまな民族問題を抱えている。その中で近年もっとも激化しているのは、北西部に位置する新疆《しんきょう》ウイグル自治区の問題であろう。

ウイグル人が中国の支配下に入ってから60年超。両者の衝突は後を絶たず、２００９年７月の区都ウルムチでの市民デモは、死亡者１９７人、負傷者１６００人以上という大惨事に発展した。

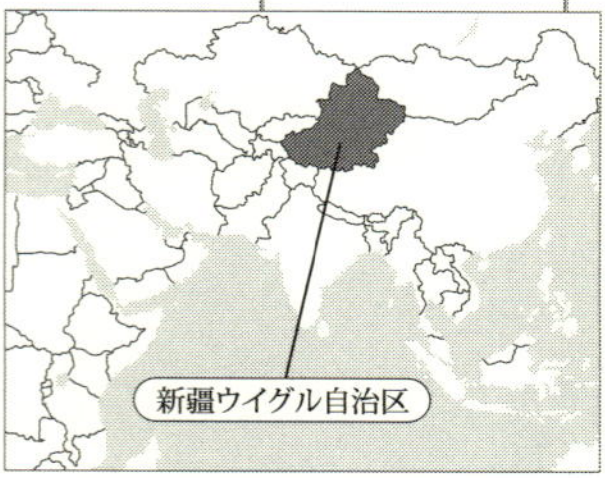

60年前にあった独立国

新疆ウイグル自治区は中国に５つある自治区のひとつで、全国土の６分の1を占める広大な土地を有している。民族はトルコ系イスラム教徒のウイグル人が主流で、中国の最大民族である漢民族とは、文化も宗教も言語も異なる。中国の一地域というよりも、中央アジアのイスラム国としての色彩が濃い地区である。

この土地が中国に組み入れられたのは清朝時代の1759年のこと。以来250年間、ウイグル人は幾度となく独立運動を起こしてきた。

最初に独立運動が起こったのは1930年代から40年代にかけてのことだった。まず33〜34年に西南部で「東トルキスタン・イスラム共和国」を樹立し、ついで44〜49年には西北部で「東トルキスタン共和国」を樹立した。つまり、一時的にではあるがウイグル人は「東トルキスタン」として独立を勝ち得た時期があったのである。

しかし、いずれも短い期間で崩壊し、49年に中国共産党の支配下に入り、55年に自治区となって現在に至っている。

民族運動の高揚と弾圧

ウイグル人の独立運動は「東トルキスタン独立運動」と呼ばれ、90年代に入ってから活発になった。トルキスタンとは「トルコ人の土地」の意。西トルキスタン（トルクメニスタン、ウズベキスタン、キルギス、カザフスタン、タジキスタン）は、ソ連崩壊の91年に5ヶ国がそろって独立しており、これがウイグル人の独立運動を刺激したとされている。そして、中国政府による民族運動の弾圧が強化されたのもこの90年代である。

国際的な人権団体であるアムネスティ・インターナショナルによれば、97年2月、自治区西北部にある工業地帯伊寧《イーニン》（ウイグル名はグルジャ）でのデモに、激しい弾圧が加えられた。午前中に行なわれたデモには、ウイグル人への公正な扱いを求めて数百人が参加し、これに警官隊が出動。デモ参加者は刑務所などに連行され、厳しい取り調べを受けた。

午後には、その家族や友人たちが不当逮捕に対するデモを行ない、再び数百人が拘束され、今度はスタジアムなどに収容された（留置施設が満杯になったため）。このスタジアムでは氷点下の気温の中で放水が浴びせられ、その後数時間放置されたために凍死者や凍傷で手足や指の切断を余儀なくされる者が出たとされる。この「伊寧《イーニン》事件」は、多数の死者を出したことで、ウイグル人たちの記憶に刻まれる事件となっている。

中国政府は、デモ参加者の拘束はテロ集団への取り締まりであるとしている。だが、中国当局による情報操作は国内外から多数指摘されており、真相は明らかになっていない。01年にアメリカで同時多発テロが起きた際にも、「独立派勢力『東トルキスタン・イスラム運動』はオサマ・ビンラディンと繋がりのある国際テロ組織である」と中国政府は発表

□中国／新疆ウイグル自治区

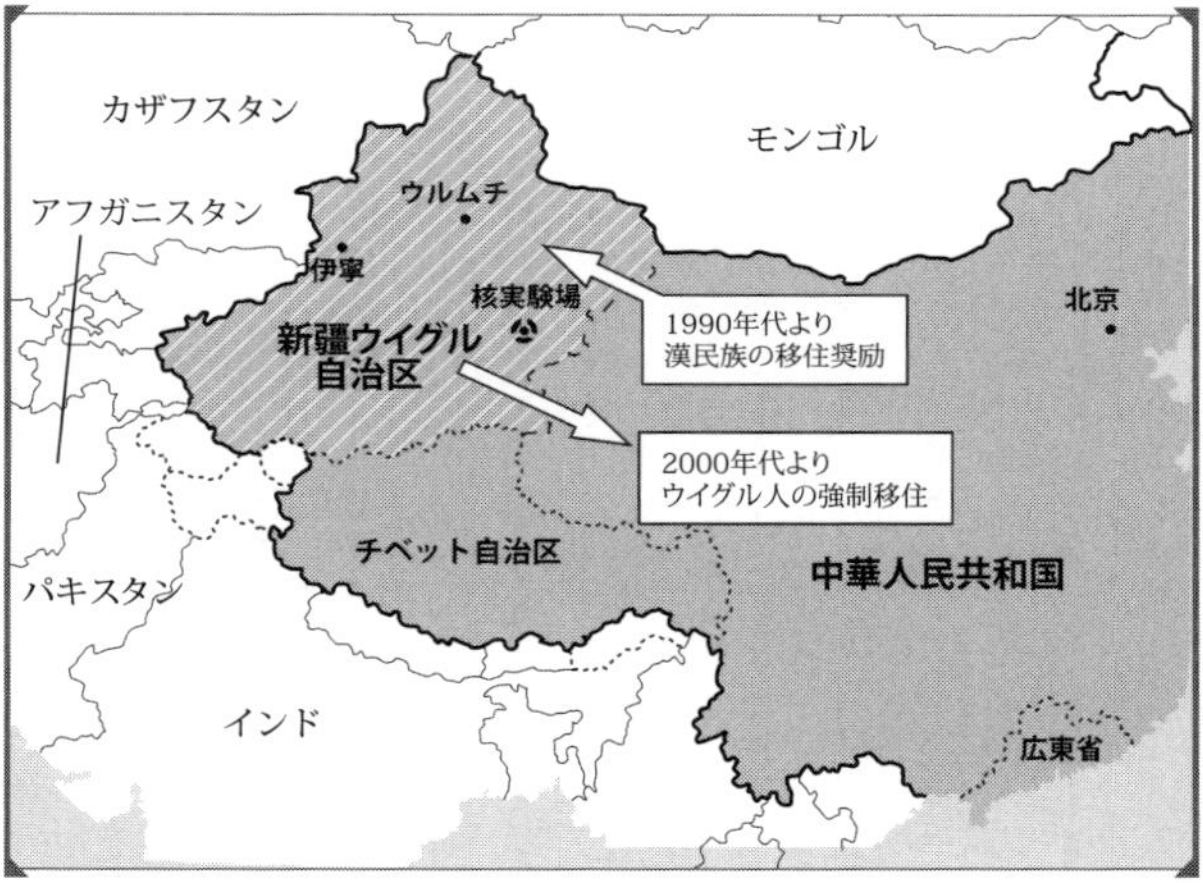

したが、これなども真偽は不明。ウイグル人の独立運動をイスラム過激派になぞらえることで中国の正当性を国際社会にアピールしたものと考えられている。

ネットで広がる民族対立

だが、本格的なＩＴ時代に入った現在では、インターネットを通じてすぐに事実が伝わってしまうため、情報操作は難しい状況にある。その象徴的な事件が、冒頭で紹介した09年7月5日の区都ウルムチでの大暴動であった。

始まりは同年5月、広東省の玩具工場宿舎で漢民族の従業員の一団がウイグル人従業員たちを襲撃したことだった。この襲撃は、ひとりの漢民族の元従業員が解雇された腹いせに「ウイグル人の男が漢民族の女性に暴行を働いた」という「噂」をネットに流したことがきっかけとされている。それが数百人を巻き込む乱闘に発展し、ウイグル人2人が死亡。するとこの死亡事件が今度は「漢民族によるウイグル人への集団暴行」としてインターネット上で広がり、自治区内ウルムチでの抗議デモへと繋がった。ついには治安部隊が出動して、中国政府発表で197人が死亡するという惨事に至ったのである。

自治区から減っていくウイグル人

では、なぜ中国政府は民族対立を起こしてまでも新疆ウイグル自治区にこだわり続けるのだろうか。その理由は、ひとつの民族の独立を認めると、別の民族も独立を主張し始めて国家の統一が保てなくなることがある。また石油や天然ガスなどのエネルギー資源の存在も大きく、これを確保するために中国政府はさまざまな政策を行なってきている。

そうした政策の中でもウイグル人をもっとも刺激しているのが、新疆ウイグル自治区への漢民族の移住奨励である。ウイグル人の漢民族化を促すのが目的で、自治区が成立した55年時には7%に過ぎなかった自治区内の漢民族の割合は、40%超に到達。区都ウルムチに限っていえば、すでに漢民族の人口がウイグル人を上回っている。

自治区に漢民族が入ってくる一方で、自治区からウイグル人が出ていく事態も起きている。世界ウイグル会議（世界のウイグル人組織を統括する上部組織）によれば、特に15～25歳の未婚女性を毎年数万人単位で強制的に中国各地に移住させる政策があり、従わなければ一家の農地没収や政治犯扱いを免れないという。また、若い男性に対しても同様の措置がとられている。

これに対して中国政府は、次のように主張する。農業や畜産業を主要産業にしているウイグル人は、中国の経済成長から取り残されてしまっている。そこで、都市部との格差是正のためにこうした貧しい農民たちに職業斡旋を行なっており、若者たちを他の地域に移住させているのだと。

自治区内でのウイグル人の人口減少に関しては、ほかにも暗い歴史がある。自治区内には核実験場があり、実験により多くのウイグル人が犠牲になってきたのだ。札幌医科大学の高田純教授の調査によると、64年から96年にかけて合計46回の核実験が実施され、死亡者は19万人、甚大な放射線被害にあった者は129万人にのぼるという。

民族自治区から民族が減っていく事態——。

ウイグル人の中国政府に対する不信感はあまりに根深い。

中国／チベット独立問題

「ふたつのチベット」とダライ・ラマ後継者問題

２００８年３月、チベット自治区の区都ラサで行なわれたデモが大規模な騒動に発展した。公安部隊による鎮圧活動で多くのチベット人が命を落としたことで、同年８月の北京五輪を前に、国際社会の目がチベット独立問題に向いた事件だった。

チベットは前項で紹介した新疆ウイグル自治区と同じく、中国の民族自治区のひとつである。チベット語を話すチベット人が90％以上を占め、チベット仏教を中核にした政教一致体制（宗教の最高指導者が政治も司る体制）をとっているのが特徴だ。

だが、その最高指導者であるダライ・ラマが、インドに亡命政府を立ててからすでに50年以上が経過。「ふたつのチベット」といういびつな状況は今もかわっていない。しかも、ダライ・ラマの後継者選びという事案を控え、緊張は高まりつつある。

チベット動乱と亡命政府

政教一致によるチベット政府が成立したのは1642年のこと。ダライ・ラマ5世が宗教と政治の最高権威を兼ねたことが始まりとされる。以来、チベット政府はモンゴル帝国や清朝など中国の歴代王朝の干渉を受けながらも、当代のダライ・ラマ14世に至るまで政教一致の伝統に基づく政治体制を敷いてきた。

この土地に大きな変化が起きたのは20世紀に入ってからである。1911年、辛亥革命によって清が崩壊すると、チベット政府はその支配から解放されて独立を宣言した。以降、中国政府が日本軍の侵攻への対応などで手一杯になったこともあって、事実上の独立状態が続く。しかし、49年に中華人民共和国が成立し、51年に人民解放軍が進軍してきたことで、チベットは再び中国の支配下に置かれる。中国の進軍は「チベットを西欧の帝国主義から解放する」という名目だった。

だが、社会主義改革を推し進める新生中国政府と、独自の伝統社会を形成してきたチベット政府の共存はどうやっても難しかった。中国はチベット政府の政教一致体制は認めたものの「改革」を強要。その矛先が寺院や僧侶にも及ぶと、59年に民衆が蜂起した。いわゆるチベット動乱である。チベット政府は2万人の軍を組織して中国共産党の人民解放軍と対峙したが、力の差は歴然でわずか数日で敗退。混乱の中、最高指導者ダライ・ラマ14世はインド北部のダラムサラへ亡命することとなった。

翌年、ダライ・ラマ14世が亡命政府を樹立すると、間もなく高僧や一般人が後を追い、亡命社会を形成した。これは、たとえ国外であってもチベット仏教の教えと伝統文化を守り続け、いつか必ずチベットへ戻ろうという誓いのもとで行なわれた逃避行だった。さらにインド南部には数ヶ所の大規模なチベット難民入植地も開かれ、ガンデン寺、セラ寺、デプン寺という現在のチベット仏教の三大僧院も再建築されている。

こうして在インドでの亡命政府は整っていったが、一方で多くの人材を失った本国のチベット地域は危機的状況に陥っていった。従来の社会体制は解体され、65年には自治区が成立。中国国内の一地域として一定の自治権が与えられたが、チベット人の独立を求める動きは強く、中国政府による介入が繰り返されることになったのである。

中国が進めるチベット支配

だが、チベット人のこうした独立気運に対して、ダライ・ラマ14世は自制を促している。亡命政府樹立からしばらくの間はダライ・ラマ14世も完全独立を主張していたが、88年に

□中国／チベット自治区

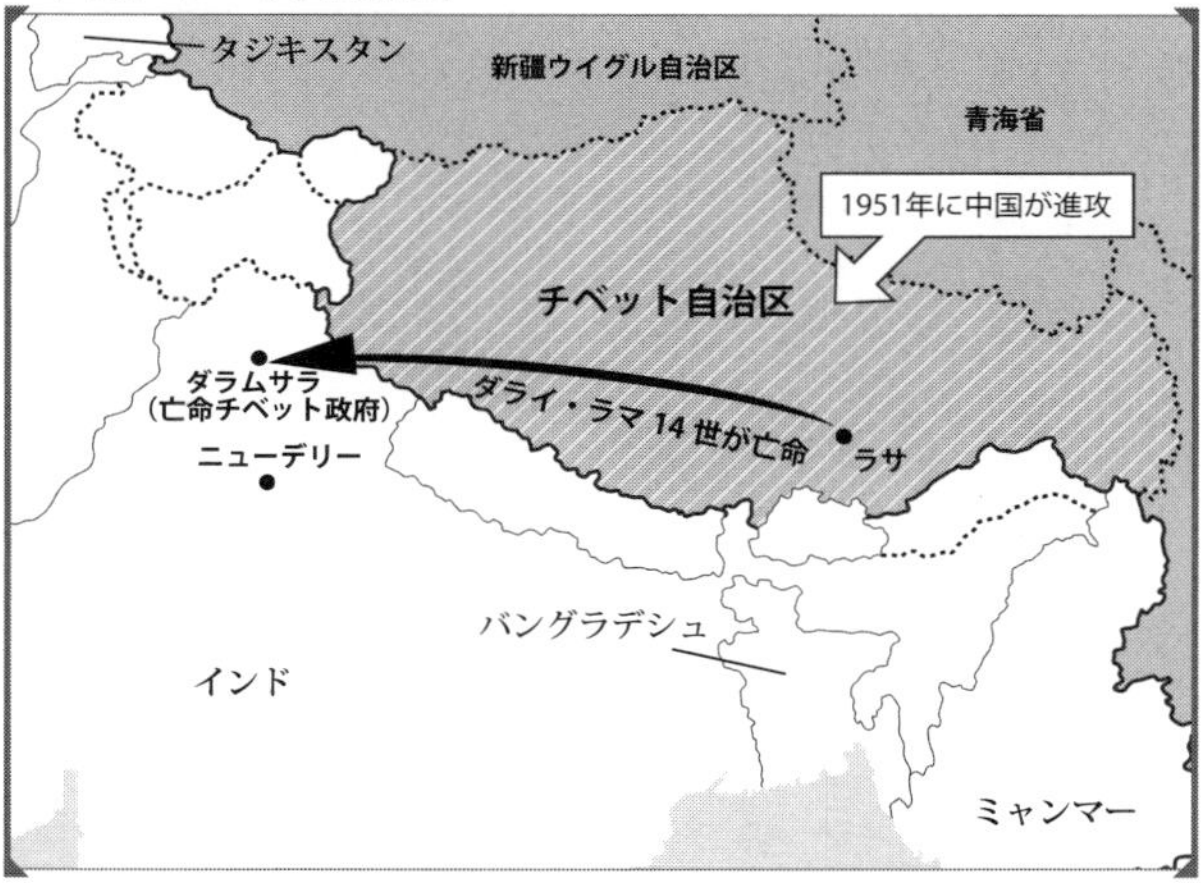

これを撤回。現在は、香港における「一国二制度」のような高度な自治を獲得するという現実路線へ転換している。チベットの地が中国の国土の一部であることを認め、その上で外交、防衛を除いた自治権を獲得しようというのである。

しかし、チベット亡命政府の主張は中国政府に受け入れられていない。先に述べたとおり、中国は新疆ウイグル自治区や台湾など多くの民族問題を抱えており、もしチベットに完全自治を与えれば、それが他の地域の独立運動に飛び火するかもしれないからだ。また、チベットにはウランをはじめとする１００以上の天然資源が埋蔵されており、これも中国がチベットから手を引かない理由のひとつとなっている。

そうした中で89年、ダライ・ラマ14世にノーベル平和賞が授与された。先の現実路線と非暴力による運動が評価されたものだが、これを機会に国際社会でチベット問題がクローズアップされると、中国政府は警戒を強め始める。

94年、中国政府はダライ・ラマの写真を公の場に掲げることを禁止した。また、現在のダライ・ラマ14世がすでに70歳を超す高齢の身であることから（1935年7月生まれ／1940年在位）、その後継者選びに介入し始めたのである。

ダライ・ラマ後継者問題

この後継者選びへの介入は、89年、高僧パンチェン・ラマ10世が亡くなったことが発端だった。パンチェン・ラマはダライ・ラマの後継者の認定に決定権を持つチベット第2の高僧であり、当代のパンチェン・ラマが死を迎えれば転生者の認定（生まれかわりを探す作業）が行なわれる存在である。95年、チベット亡命政府は当時6歳のニマ少年を転生者としたが、中国政府はこれを認めず独自にノルブ少年（同6歳）を擁立してパンチェン・ラマ11世に認定した。そして、ニマ少年とその家族を政治犯として拉致拘束《らちこうそく》。現在もまだ彼らの身柄は解放されておらず、消息も明らかにされていない。

もしも現状のまま時が経てば、中国政府は自らが認定したパンチェン・ラマ11世にダライ・ラマの後継者を選ばせると考えられている。その時になってチベット人社会がこれを受け入れるのか否か。問題化は避けられそうにない。

しかも、00年には、活仏《かつぶつ》に認定されていた高僧カルマパ17世がインドへ渡るという事件が起きた。当初は修行のための出国とされたが、事実上の亡命であった。この結果、本国のチベット自治区には活仏といわれるような高僧はほとんどいなくなり、宗教的権威は空洞化。逆に亡命政府の権威が高まったことで中国政府はますます態度を硬化させている。

後継者選びの問題に対してダライ・ラマ14世ら亡命政府は、パンチェン・ラマによる認定に頼らず、選挙もしくはしかるべき高僧が指名する制度等に変更することを検討しているという。ただし、そこには伝統を廃する苦渋の決断を伴うため、先行きは不透明なままだ。

現在、ダライ・ラマ14世は世界各国に出向いて演説を行なうなど、高齢とは思えないほど精力的に活動している。だが、それでも、後継者問題に直面する時はやってくる。果たして、その時になっても平和的な解決はなされるのであろうか。

スリランカ民主社会主義共和国／スリランカ内戦

四半世紀にわたった民族対立 果たして、終結宣言は本当か!?

スリランカは、インド南部に浮かぶ島国である。かつての名称をセイロンといい、紅茶の産地としても知られているが、2009年5月まで四半世紀にわたって激しい内戦が繰り広げられてきた国でもある。

このスリランカ内戦の歴史はあまりに凄惨である。反政府組織のテロが猛威を振るい、大統領暗殺から、自爆テロ、ビル爆破など、民間人を巻き込んで7万人以上の犠牲者を出した。そして、未だに火種はくすぶり続けている。

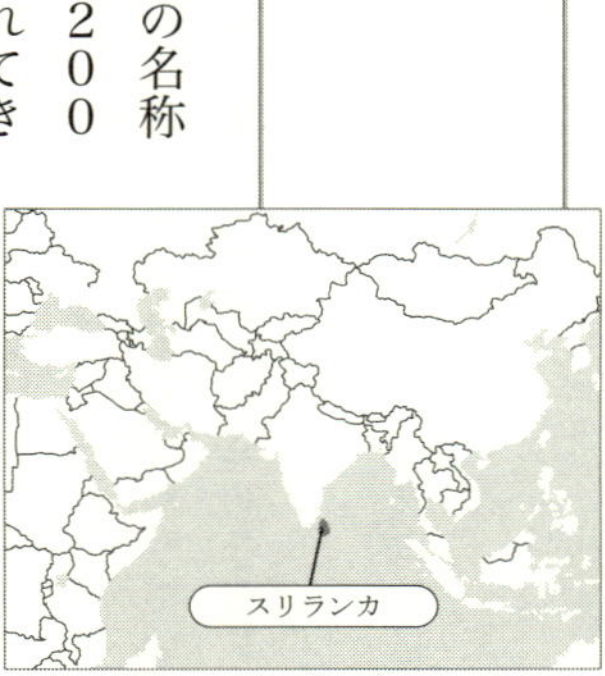

シンハラ人とタミル人の民族闘争

紛争の原因は、民族対立だった。スリランカの全人口の7割強を占める多数派シンハラ人は敬虔な仏教徒で、シンハラ語を話す。一方、2割弱の少数派タミル人はヒンドゥー教を信奉し、タミル語を使う。この、宗教も言語も異なるふたつの民族が、互いにいがみ合ってきたのだ。

そもそも、この国は1948年にイギリスの植民地から英連邦内の自治領として独立を果たしたという歴史をもつ。植民地時代にはイギリスの分割統治政策によりタミル人が要職に登用されたため、少数派タミル人が多数派シンハラ人を統治するという構図が生じた。このいびつな関係が独立後に悪影響を及ぼすことになる。

独立から8年後の56年、数的に優位なシンハラ人の政党スリランカ自由党が政権をとると、シンハラ語を唯一の公用語に定め、仏教によるナショナリズムを謳《うた》う「シンハラ・オンリー」の政策を掲げた。これらの政策は、イギリス植民地時代の英語教育などから脱却し、自国文化を取り戻すためのものと喧伝されたが、同党はそうしたプロパガンダを巧みに利用してシンハラ人を優遇したのだった。

この政策に、当然ながらタミル人が反発した。シンハラ語ができなければ種々の採用試験を受けられず、社会的に大きな差別を受けることになるからだ。こうした反発は70年代に入ると、独立運動に発展し「(タミル人が多く住む）北部と東部地域はタミル人の土地である」とする活動が始まった。

その中で最大の反政府組織が「タミル・イーラム解放の虎（ＬＴＴＥ）」である。ＬＴＴＥはゲリラ戦の訓練キャンプを設けるなどその活動は組織的で、本格的な戦闘から街中でのテロ行為まで展開。83年から内戦は本格化していった。

ＬＴＴＥのテロ行為

実は内戦が激化する中で、何度か停戦協定が結ばれる場面もあった。87年には隣国インドが「平和維持軍」と称して軍事介入し、一時停戦に持ち込んでいる。だが、結局は失敗。それどころか、インド軍とＬＴＴＥが武力衝突する事態になり、平和維持軍は撤退していった。

そして、これ以降、ＬＴＴＥの活動は激しさを増していく。91年にはインドに渡り、先の軍事衝突の報復としてラジブ・ガンジー元首相を自爆テロで暗殺し、92年にはスリランカ軍の司令官を殺害、さらに93年プレマダサ大統領暗殺などテロ活動を展開していったのだ。

94年、新たに政権についたクマラトゥンガ大統領は「ＬＴＴＥに北東部での大幅な自治権を与える」と提案した。だが、ＬＴＴＥはこれを拒否。譲歩案を踏みにじられた政府は

□スリランカ民主社会主義共和国

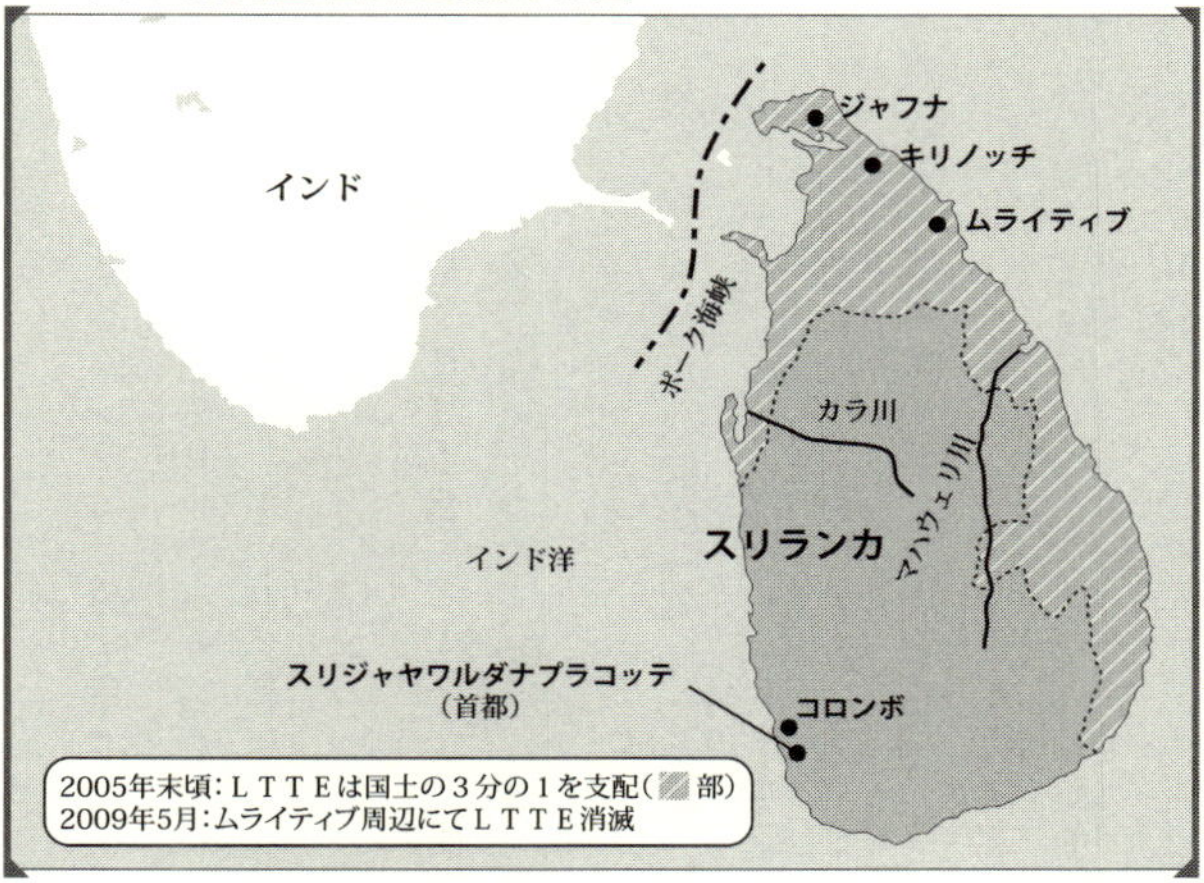

ＬＴＴＥの拠点がある最北部のジャフナ半島への総攻撃に踏み切る。対するＬＴＴＥは、コロンボ中央銀行での自爆テロ、コロンボの世界貿易センタービルの爆破、中部の仏教寺の爆破などで応酬する。

98年、政府はスリランカ全土に非常事態宣言を発令したが、その後もＬＴＴＥは、99年にクマラトゥンガ大統領の暗殺未遂、01年国際空港での自爆テロなどを起こし、この時点で被害者は6万人以上。ＬＴＴＥによる民族独立の戦いは、いつしかテロ行為の横行と化してしまったのである。

内戦の疑いなき終結

この段階に至り、ようやく国際社会が手を

差し伸べ始める。

02年2月、まずノルウェーが仲介に入り、政府とLTTEの間で停戦合意がなされた。その後、タイで両者の和平交渉が行なわれ、スイスのジュネーブでも和平協議の場が設けられた。03年には東京に世界70ヶ国の代表が集結してスリランカ復興支援会議を開催。どうにか和平案作成への道筋が見え始めた。

だが、当時のLTTEは、スリランカ北部及び東部を中心に国土の約3分の1を支配しており、あくまで強気だった。06年には、政府の和平内容に不満を示すと、再び戦闘状態に突入してしまうのである。

そして、こうした態度が国際社会を敵に回すことになった。すぐさまEU（欧州連合）がLTTEをテロ組織と認定し、LTTE関連の資金を凍結。すると、徐々にLTTEの勢力に衰えが見え始め、やがてスリランカ政府軍が攻勢に転じていく。

その結果、戦いは09年に終結する。1月、政府軍はLTTEの政治拠点である北部のキリノッチを制圧。さらに最後の都市拠点である北東部ムライティブに進撃すると、LTTEから停戦が提案された。だが、今度は政府軍がこれを拒否。追い詰められたLTTEは10万人以上の市民を「人間の盾」として人質に取り、ジャングル地帯へと撤退した。

そして、5月。LTTEのカリスマ指導者ヴェルピライ・プラブハラカンの遺体が発見されると、政府は内戦の終結を宣言。国内の新聞は「DEAD! NO DOUBT（疑いなき死）」と題してプラブハラカンの遺体写真まで掲載し、国民に25年間にもわたった内戦が間違いなく終結したことを伝えた。この最後の戦闘で1万人近い犠牲者が出たとされている。

28万人の難民

スリランカ内戦はLTTEの壊滅で終了したが、混乱は収束していない。戦闘地帯と化したタミル人居住区を中心に最終的に28万人以上の難民が発生した。しかも、難民キャンプにはLTTEの残党が紛れ込んでいるとされ、その選別作業に時間を要している。数十万人の難民の中から残党を探すのは容易ではなく、そのため、キャンプの外に出ようとしていた一般避難民に政府軍が発砲するような事件も生じている。10年初頭時点で、難民の帰還はまだ完了していない。

スリランカ政府は内戦中に憲法を改正し、公用語にタミル語を加えるなど融和政策も始めている。しかし、こうした修正だけで民族問題が終了したといえるかどうか。

スリランカ政府の真価が問われるのは、内戦が終了したこれからになる。

カシミール地方／カシミール紛争

インド・パキスタン間の火種「核」保有国同士の国境問題！

インド北部に位置するカシミール地方は、インドとパキスタンが領有権を争っている地域である。現在はインドが広く支配しているが、イスラム教徒が多いこの地域では同じイスラム教徒の国であるパキスタンへの帰属、あるいは分離独立を求めるイスラム過激派の動きが活発化している。テロ活動はインドの都市部にまで及び、２００８年11月、ムンバイでの同時多発テロでは１７０人以上が死亡。犯行声明は出ていないが、パキスタン系のイスラム過激派の犯行とされている。

マハラジャの決断

そもそもインドとパキスタンが対立する根本原因となったのが、このカシミール地方の領有権問題だった。

地図帳でカシミール地方を確認すると、インドが支配するジャム・カシミール州、パキスタンが支配するアザド・カシミール州、そして中国が自国領土としている北東部のアクサイチン地区の3つに分断されているのがわかる。だが、その国境線はあいまいで、点線で示されていることが多くはっきりとしていない。これは、三度にわたるインド・パキスタン戦争に加え、中国とインドの国境問題までが加わり問題が複雑化していった結果である。

争いの始まりは1947年、インドとパキスタンがイギリスの植民地支配から独立した時にまでさかのぼる。当時、カシミール地方を含むインドには、藩王国《はんおうこく》と呼ばれる562の君主国が置かれていた。それぞれの藩王国は藩王（マハラジャ）によって統治されており、独立に際してインドとパキスタンのどちらかに帰属するよう決断を求められた。

カシミール地方の藩王ハリ・シンはどちらにするか迷った。なぜなら、藩王自身はインドで主流のヒンドゥー教徒であったが、カシミール地方の住民の8割以上はパキスタンで主流のイスラム教徒だったからだ。

藩王はカシミール地方の独立を考えた。しかし独立を決定する前に、パキスタンへの帰属を求めるイスラム教徒の暴動が発生。藩王はこれをパキスタン側の工作と考え、インドに支援を求めるとともにインドへの帰属を決定した。そしてインドがカシミール地方に軍隊を派遣したのをきっかけに、47年、第一次インド・パキスタン戦争が勃発したのである。

三度のインド・パキスタン戦争

この最初の戦闘は、49年に国連の停戦勧告決議により終結した。この時、カシミール地方の3分の2をインド、残りをパキスタンが支配するという停戦ラインが引かれている。しかし、その後、59年にインドと中国の間で国境紛争が起こり、さらに65年には第二次印パ戦争が勃発、71年には当時パキスタンに属していた現バングラデシュの独立紛争にインドが介入して第三次印パ戦争が起きる事態になった。

三度目の印パ戦争はインド優勢で進んだため、72年の和平協定（シムラ協定）の際に引かれた停戦ラインはインドに有利なものとなった。この時、イスラム教徒が多数を占めるジャム・カシミール地方の住民は、ヒンドゥー教徒の多いインドに組み込まれることになり、以降、同地域ではパキスタンへの帰属を求めるイスラム過激派、あるいはカシミール単独での分離独立をめざす動きが活発になっていったのである。

□カシミール地方（インド・パキスタン・中国の国境地帯）

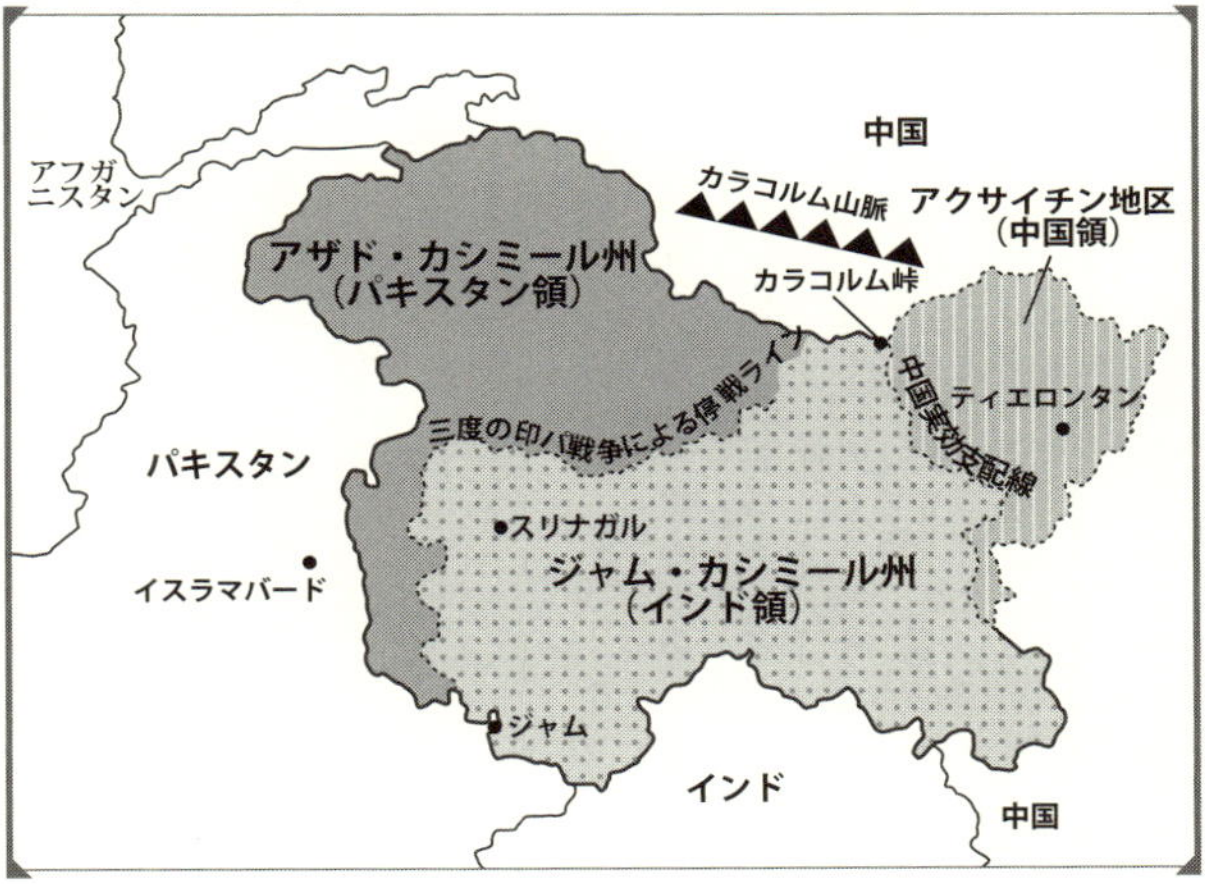

パキスタンが支援した過激派組織

イスラム過激派組織の中にはジャム・カシミール解放戦線（ＪＫＬＦ）やムジャヒディン党といった武装グループがいた。これらの武装グループは80年代後半からさかんに武力闘争を行なうようになるが、インド政府はパキスタン政府が陰で支援していると非難した。事実、パキスタンは過激派に武器や軍事拠点を提供していた。

実はパキスタンには、イスラム過激派との間に暗い過去がある。79年にソ連がアフガニスタン（パキスタンの隣国）に侵攻した際、ソ連軍と戦うアフガンゲリラに武器を供与し、軍事訓練まで施していたのである。当時は東西冷戦の最中であり、パキスタンの背後にアメリカがいたのは、よく知られているところだ。アメリカの要請でパキスタンがアフガンゲリラを育て、ソ連に対抗したものだった。

そして、パキスタン政府の支援を受けながら大国ソ連を相手に戦い抜いたイスラム戦士たちが、次のジハード（聖戦）の地としたのがカシミール地方だった。彼らは、カシミール地方のイスラム過激派と結びつき、インドへの武装勢力としての活動を強めていったのである。

インドを襲うテロ行為

01年9月、アメリカで同時多発テロが起きると、イスラム過激派の活動は激しさを増していった。インドの首都ニューデリーの国会議事堂で武装集団が銃撃戦を繰り広げたほか、ジャム・カシミールの州都スリナガルの州会議事堂で爆破テロを行なった。特に国会議事堂襲撃事件では、アルカイダの関与があったともいわれている。

パキスタンはイスラム教国としての立場から一時彼らを支援していたが、さすがに国際世論もあって方針転換を迫られた。ムシャラフ大統領は従来の支援策から一転してイスラム過激派の取り締まりを開始。04年にはインド・パキスタン両政府による首脳会談が開催され、雪解けムードが漂った。その前年には和平の象徴として、カシミール地方のインドとパキスタンの停戦ラインをつなぐ週4便の直行バスも運行されている。

しかし、インド・パキスタン両政府の友好関係が築かれようとする中でも、イスラム過激派の活動は収まらなかった。

08年11月26日、インド最大の商業都市であるムンバイで、連続10件のテロ事件が発生した。ホテル、駅、病院などで人質をとっての立てこもりや爆破、襲撃が起き、170人以上が死亡。イギリスのスカイ・ニュースによると、実行犯はインドに拘束されているイスラム過激派の釈放を求めたほか、「カシミールでインド軍がどれだけイスラム教徒を殺してきたか知っているか!」などと発言。パキスタンに拠点を置くイスラム過激派の犯行が取り沙汰されることとなった。

パキスタン政府は過激派への関与を否定しているが、インド政府は厳重な抗議を正式に行なっており、雪解けムードは消えた。一時は両国関係に緊張が走る事態となったほどだ。

火種は60年以上前から続くカシミール問題にある。紛争の形態こそ、かつての国家間の戦争から、現在は過激派によるテロ行為へとかわっているが、それが再び戦争になる可能性も秘めている。両国は核保有国であり、世界もまた緊張を強いられているのである。

パキスタン・イスラム共和国／対テロ組織掃討作戦

テロ組織の温床を抱えるイスラム国家の苦悩

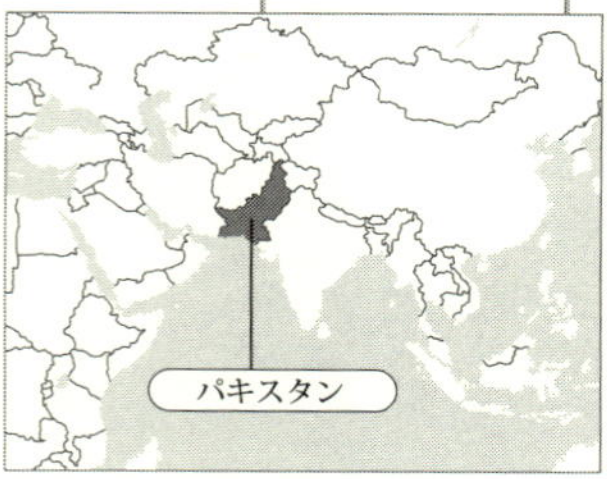

近年、テロ対策は各国政府の重要課題となっているが、パキスタンではそのテロ対策がとりわけ大きな意味を持つ。なぜなら、アフガニスタンと国境で接する同国には、タリバンやアルカイダといったテロ組織の温床があるからだ。

２００９年には、政府によるテロ組織殲滅《せんめつ》作戦とその報復テロにより、わずか１ヶ月で１０００人を超す死者を出し、国内は内戦さながらの状況に置かれている。

テロリストの聖域

パキスタン政府がテロ掃討に乗り出したのは01年のこと。アメリカで起きた同時多発テロが契機となった。それまでは隣国アフガニスタンを実行支配するタリバン政権を承認していたが、同時多発テロ以降は親タリバン路線を変更して、テロ掃討作戦を積極的に実施するようになっていった。

パキスタンがもっとも警戒しているのは、同国北西部に位置するアフガニスタンとの国境付近一帯である。連邦直轄部族地域（以下・部族地域）と呼ばれるこの地域は、部族社会の慣習が今も色濃く残る地域で、パキスタン政府による統治（法律）がほとんど及んでいない。そのため、反政府勢力も多く存在し、アフガニスタンで活動するテロ組織も自由に出入りし、タリバンやアルカイダの幹部が潜伏する「テロリストの聖域」と化しているのである。

中でも、パキスタン政府が頭を痛めているのは、この部族地域にいるパキスタン・タリバン運動（TTP）という反政府勢力の存在である。

TTPはパシュトゥーン人を中心に2万人もの兵力を誇る組織で、このパシュトゥーン人はアフガニスタンの多数派民族であり、タリバンの構成部族でもある。TTPにとってアフガニスタンのパシュトゥーン人は同胞であり、アメリカによるアフガニスタン攻撃があれば、国境を越えて避難してくるタリバンやアルカイダを匿うなど積極的な支援を行なっているのだ。

親米路線によるテロ掃討作戦

ところで、なぜパキスタン政府はテロとの戦いに本腰を入れ始めたのだろうか。それはムシャラフ元大統領の影響が大きい。

パキスタンでは伝統的に軍の力が強く、ムシャラフも元は陸軍の参謀総長を務めていた。ムシャラフは、99年にクーデターを起こして大統領に就任すると、その後、約10年にわたって改革を推し進めた。そして、長期政権による安定を背景に、外交面では親米路線をとり、アメリカの援助による国の繁栄を指向したため、アメリカと協力する形で「テロ掃討」へと乗り出したのである。

だが、イスラム教徒が多いパキスタンにあっては、市民の反米感情は強い。ムシャラフは、後に国内の治安悪化を招いたことや、強権を振るって民主化を抑え込んだことなどが原因で、08年に辞任に追い込まれる。テロ掃討の方針は新大統領ザルダリに引き継がれたが、ある意味ではそこが混乱の始まりでもあった。

TTP vs 政府軍

ここ数年、パキスタン政府はTTPに対し、軍事作戦と対話の両面から切り崩しをはか

□パキスタン・イスラム共和国

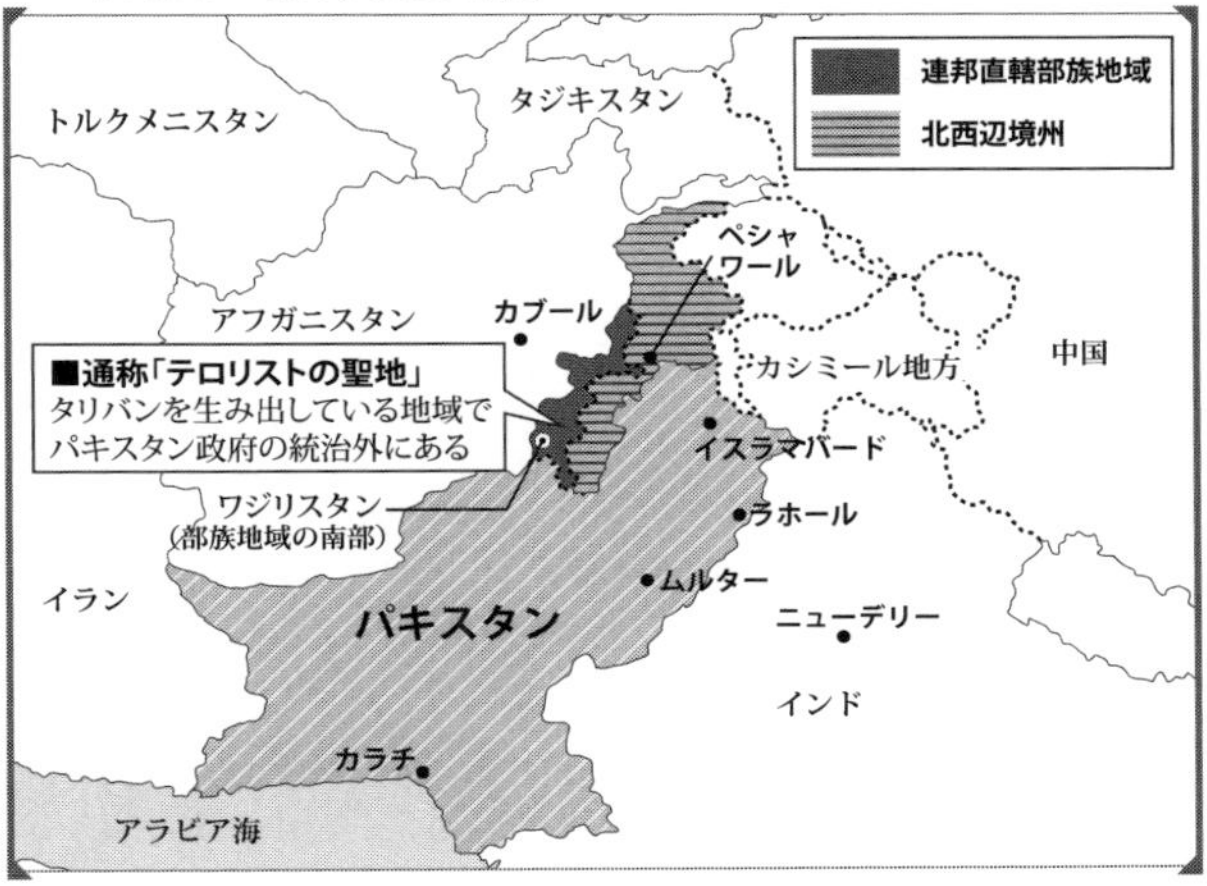

ってきた。08年には陸軍約50万人のうち12万人をアフガニスタン国境地域に派兵してTTPの掃討作戦を実施する一方、ザルダリ政権発足後にはTTPと和平のための対話も重ねている。その結果、パキスタンでのテロ件数は一時的に減少していた。

だが、そうした中でザルダリ政権が一転して総攻撃を行なったため、事態は混乱をきたしてしまう。きっかけは、アメリカ軍からの一報だった。09年8月、TTPのリーダーであるメスード司令官がアメリカによる攻撃で死亡したことが伝えられると、パキスタン政府はTTPを掃討する作戦を描き、同年10月に彼らの拠点であるワジリスタン地区で大規模な軍事行動を開始したのである。

結果的にこの掃討作戦でTTPを根絶することはできなかった。それどころかTTPの報復活動を招くこととなり、その後、情勢は悪化の一途をたどる。同年10月28日には、北西辺境州の州都ペシャワールの市場で車爆弾が炸裂した。推定150キロもの爆薬が使われたとされ、爆風や火災で25店舗以上が崩壊。90人が死亡、200人以上が負傷するという大惨事になった。

事件当日、パキスタンにはアメリカのヒラリー・クリントン国務長官が到着していた。議題のひとつはテロ対策の協議であり、クリントン国務長官はTTP掃討作戦に対して「非常によく計画され、遂行されている」というコメントを発表したばかりだった。

さらに11月13日には治安機関を狙った自爆テロが相次ぎ、17人が死亡、80人が負傷した。同じ日、ペシャワールで死者10人、負傷者55人に及ぶ爆弾事件も起きている。

掃討作戦と報復テロによる死者は、1ヶ月ほどで1000人にも達し、パキスタン北西部では200万人もの避難民が溢れ出している。

もはやパキスタンは内戦状態といっても過言ではない。

TTPの壊滅はそう遠くないだろうとの意見もあるが、その見解が正しいかどうかははっきりしておらず、掃討作戦が展開される中でさらなる混乱が生じることも推測される。

タイ王国／タイ政権闘争

非合法で過激な市民運動が政権を倒す不思議の国

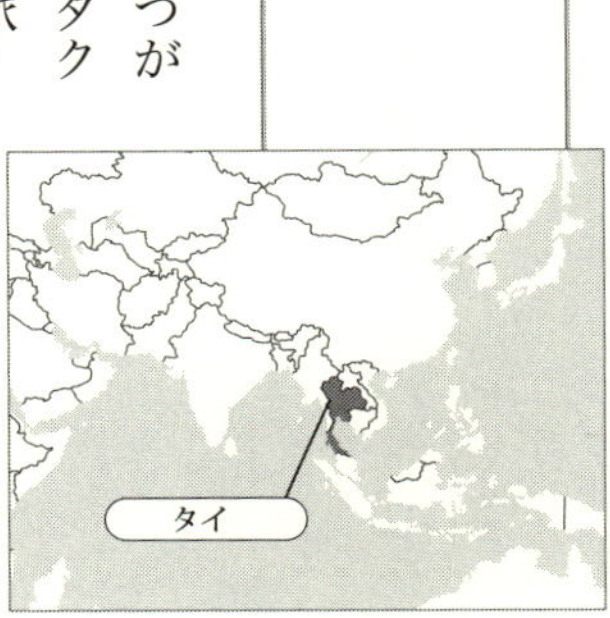

赤シャツと黄シャツ。タイの市民運動を表す時、このふたつがキーワードになる。赤シャツをトレードマークにするのは「タクシン派」（ＵＤＤ＝反独裁民主同盟）、黄シャツは「反タクシン派」（ＰＡＤ＝民主市民連合）の市民グループで、それぞれ大規模なデモを起こすことで知られている。２００８年のバンコクの空港占拠事件は黄シャツ、09年のＡＳＥＡＮ会議場への乱入事件は赤シャツによるもので、激しいデモ行動は世界に配信された。

タクシンという人物

近年のタイの政変は、01年の総選挙で首相に就任したタクシン・チナワット元首相に端を発している。タクシン元首相はもともと携帯電話事業で巨万の富を手にした人物で、１

998年に「愛国党」を結成。01年の総選挙で政権を奪取すると、05年の総選挙でも勝利を収め、タイ政界のトップに君臨した。

タクシン政権の人気は、貧困層に向けた公的資金の注入政策などにある。特に北部や東北部の農民には貧困層が多く、選挙ではこうした地域が大票田となった。そのため、タクシン首相率いる愛国党は選挙には圧倒的な強さを誇ったのである。

だが、一方で都市部の中堅層や富裕層にすれば、タクシン政権の政策は「ばら撒き」以外の何ものでもなく、批判的な立場をとる者も多かった。こうして、タクシン支持派と反タクシン派が生まれることとなり、両者は対立を深めていくことになった。

タクシン政権後のタイ

磐石に見えていたタクシン政権が崩壊したのは、06年のことだった。タクシン首相の親族による株取引の不正疑惑などが発覚すると、世論が動き、軍によるクーデターが勃発。タイでは、政変に絡んで軍が介入することが多いが、タクシン政権も選挙で倒れることはなくても軍には勝てなかった形だ。これにより、元陸軍司令官のスラユット首相による暫定政権が誕生した。

□**タイ王国**

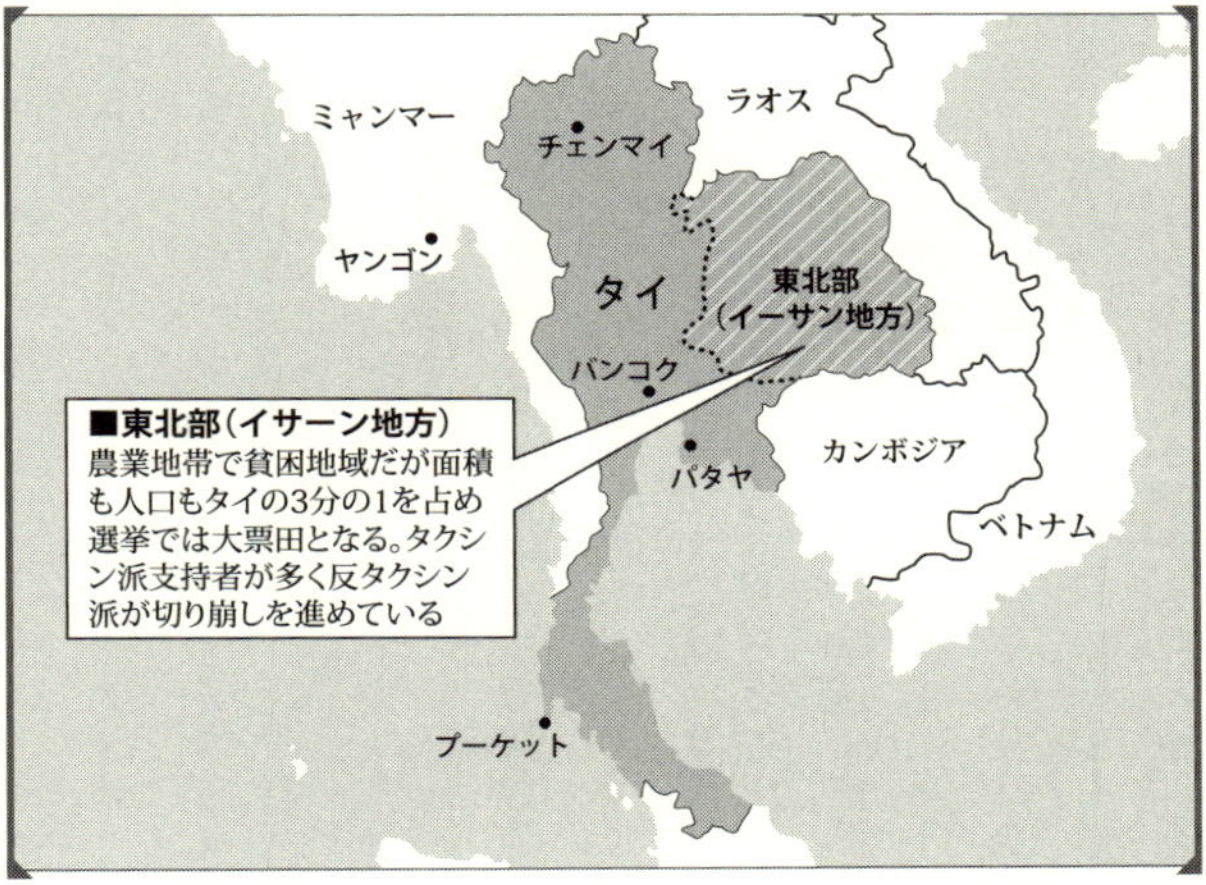
ミャンマー
ラオス
チェンマイ
ヤンゴン
タイ
東北部
（イーサン地方）
バンコク
■東北部（イサーン地方）
農業地帯で貧困地域だが面積も人口もタイの3分の1を占め選挙では大票田となる。タクシン派支持者が多く反タクシン派が切り崩しを進めている
パタヤ
カンボジア
ベトナム
プーケット

ここからタイの政情は不安定な動きを見せていく。まず、07年に、司法当局が選挙違反を理由に、愛国党の解党処分を決定した。愛国党の党員は当時1議席すら持っていなかった小政党「国民の力党」に移籍するのだが、同年末の選挙で圧勝し、第一党に躍り出る。実質的な愛国党政権（タクシン派）であり、選挙での強さは健在だった。これにより08年1月、サマック首相が誕生した。

しかし、こうなると納得できないのは、反タクシン派である。サマック政権の打倒を唱える黄シャツ集団のＰＡＤは、大規模なデモに打って出た。国営放送や首相府など政府系の建物を包囲し、さらに６０００人がバンコクの国際空港を占拠、航空網を寸断した。

こうした中で、憲法裁判所が動く。サマック首相のテレビ番組出演を違憲と判断して、失脚させてしまうのだ。かわってソムチャイ副首相が新首相に就くも、08年12月に再び司法当局が、国民の力党の選挙違反を指摘し解党を指示。政権は崩壊してしまう。ここに至って、PADは空港占拠を解き、反政府活動の終了を宣言した。

赤シャツ集団の反抗

市民運動が政権に及ぼす影響力の強さが、タイの特徴である。実際に効力があるため、デモや集会は盛んになり、参加人数が多いことから違法行為にも及びやすい。タクシン派、反タクシン派という二極化により、対抗意識の強さも運動の激化を招いている。

ただし、多くの場合は市民デモであり、銃器などを所持した闘争にはなっていない。PADが空港を占拠した時には、家族で占拠に参加して泊まり込んでいたり、空港前では人気歌手による歌謡ショーが開かれていたりと、どこか和やかさもあった。

だが、異常事態であることにかわりはない。実際に死者も出ているほか、空港閉鎖で経済的な打撃も受け、国際社会への印象も悪くなる。

08年末、国民の力党が解党された後、新たに政権を担うことになったのは「民主党」のアピシット首相だった。だが、この新政権に対して、今度はタクシン派が黙っているわけがなかった。それが09年8月、パタヤで開催されていたASEAN（東南アジア諸国連合）会議場への赤シャツ集団の突入である。麻生太郎元首相ら各国首脳が集う国際会議場へのデモ隊進入は、議長国であるタイの面目をつぶすものであり、タクシン派によるアピシット政権への報復であった。ASEAN会議は中止され、バンコク周辺には非常事態宣言が出される事態となり、タイの政情不安は世界に伝わることとなったのだ。

アピシット政権は恥辱にまみれたが、政権が倒れたわけではないため、タクシン派による反政府集会は断続的に続いている。なお、解党された国民の力党の党員は「タイ貢献党」に移り、タクシン派政党は健在である。通常通りなら11年に行なわれる総選挙に備えている状況だ。

ところで、タクシン元首相であるが、不正疑惑発覚後にイギリスに逃亡。裁判で禁固2年の実刑判決を受けたが、海外逃亡を続けている。

09年11月、そのタクシン元首相がカンボジアに乗り入れた際にアピシット政権が身柄の引き渡しを求める事態が発生した。カンボジアはそれを拒否。もともと両国は国境未確定地域を抱えるなど火種を有しており、一時、緊張が高まることとなった。

ミャンマー連邦／ミャンマー反政府運動

政権を譲らない軍事政府 圧政により深まる国民の疲弊

2007年9月、ミャンマーで反政府デモを取材していた日本人ジャーナリスト長井健司氏が、治安部隊によって発砲されたと見られる銃弾を受けて死亡した。その様子は映像に捉えられており、衝撃とともに日本に伝えられた。ニュースでこの映像を目にした人は多いだろうが、では、そもそもなぜデモが行なわれたのか。ミャンマーに何が起きているのか。

社会主義国から軍事政権へ

ミャンマーで起こっている問題を理解するには、まず同国の政情を知る必要がある。

1948年にイギリス領インドからビルマとして独立を遂げたミャンマーは、少数民族の独立運動などにより政権は安定しなかった。62年から農業以外の主要産業を国有化する社会主義体制を敷き、以後四半世紀以上に及ぶ歴史を刻んできた国である。

しかし、社会主義のもとで閉鎖的な経済は停滞し、国民の生活が困窮を極めると、民主化運動が活発化する。88年、住民の間に大規模デモが発生し、鎮圧に動いた国軍がそのままクーデターを起こし、全権を掌握。国軍は国家法秩序回復評議会（SLORC）を設立して政権を立てると、社会主義体制の終焉を宣言し、89年に国名をビルマからミャンマーへと変更したのである。

民主化運動とスー・チー氏の軟禁

翌90年、軍事政権下のミャンマーで総選挙が実施されるが、この選挙を前に政府は危機感を強めていた。アウン・サン・スー・チー氏を中心とする国民民主連盟（NLD）が大躍進を遂げていたからである。スー・チー氏の父親は、イギリスからの独立時に指導力を発揮し、「ビルマ独立の父」として英雄視されたアウン・サン将軍であり、国民から大きな支持を得ていた。

NLDの優勢が伝えられる中、政府はスー・チー氏をはじめとする民主活動家を多数逮捕、自宅軟禁して政治活動を妨害する手段をとった。その上で国際的な非難をかわすために、予定通り総選挙を実施したが、結果はスー・チー氏率いるNLDが圧勝。81%の議席を獲得するほどの勢いであった。だが、この選挙結果を政府SLORCは無視し、政権の移譲を行なわなかった。この時以来ミャンマーでは国会は開催されておらず、軍事政府は民主化運動を厳しく弾圧し続けているのである。

欧米諸国の経済制裁

こうしたミャンマー情勢を欧米諸国が黙って見ていたわけではない。91年、スー・チー氏にノーベル平和賞を授与し、国際社会の目を同国へと向けさせるとともに、民主化運動に対する支持を明確に示した。すると、これが軍事政権を揺さぶる契機になった。

95年、軍事政権は、民主国家の体裁を繕うためにスー・チー氏の自宅軟禁を解除すると表明した。しかし、「無条件」解除としながらも実際には政治活動を厳しく制限し、結局、また拘束してしまう。03年までに三度の拘束を繰り返し、通算14年も自宅軟禁を続けている状態である。

軍事政権のこうした態度は、国際社会を再び刺激することになった。03年、アメリカが経済制裁を決定。04年にEUも追従すると、これによって打撃を受けたミャンマー経済は

□ミャンマー連邦

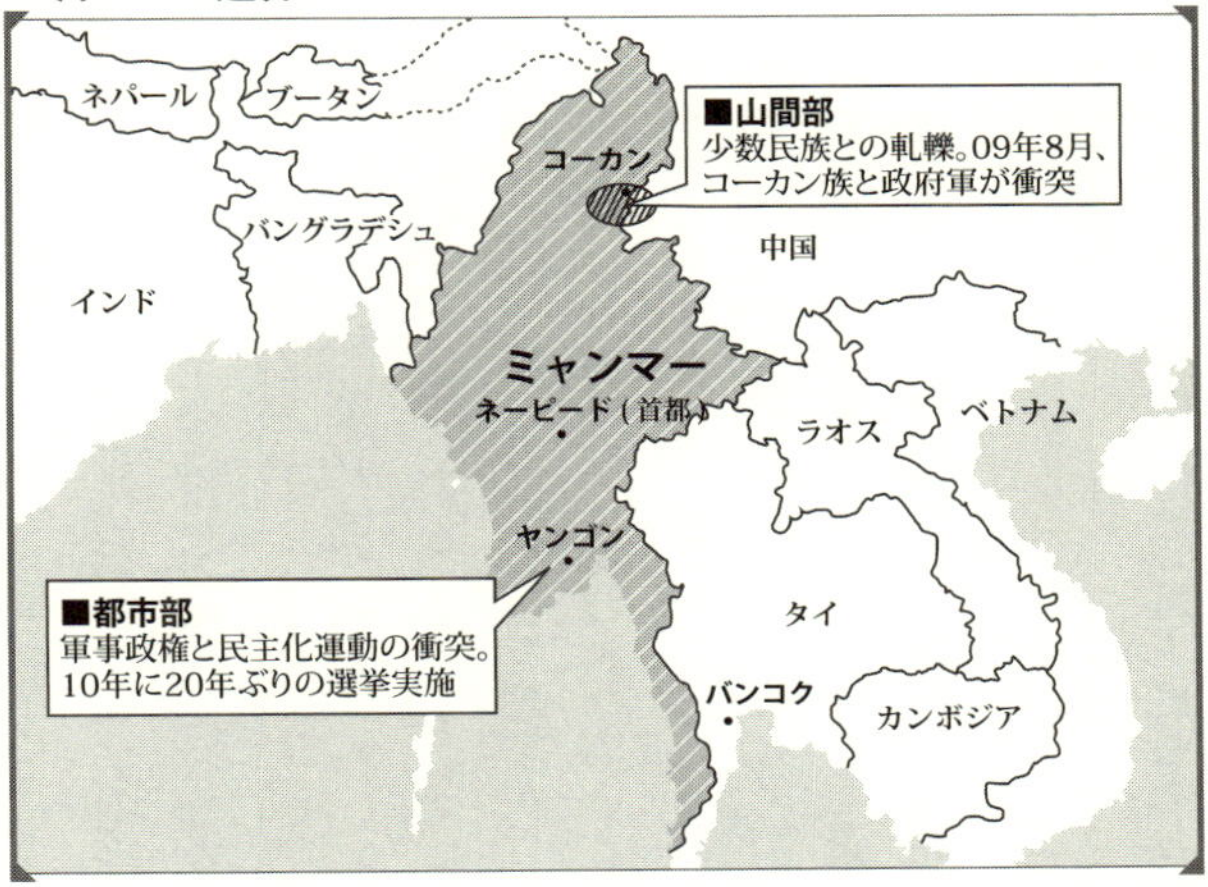

徐々に疲弊していった。

長井氏が銃弾に倒れた07年9月の反政府デモは、そうした経済状況の中で行なわれた。ガソリン価格などが最大5倍に値上がりしたのをきっかけに、生活苦にあえぐ人々が立ち上がったものだ。まず元学生運動家などが抗議デモを実施し、それに僧侶や市民が加わり、最終的に10万人規模にまで達した。軍事政府はそれを武力で弾圧し、デモに参加した２００人以上の僧侶が今も長期刑で服役、数千人が強制還俗《げんぞく》させられたという。

このデモ以降、ミャンマーでは情報統制が厳しくなり、インターネットが制限され、口コミで情報が伝わるとして、喫茶店の開店まで許可されない状況が続いている。

民主化への模索

08年、軍事政府は新憲法草案を問う国民投票を行ない、約93％の賛成を得たと発表した。もともと90年の総選挙後にＮＬＤに政権を移譲しなかった理由が、「民主化のためにはしっかりとした憲法が必要」としていた経緯があり、政府は民主化のプロセスが進行していることを国際社会に強調した形だ。そして、「民主化の総仕上げ」として10年の総選挙実施を決定（10年10月10日予定）。軍の支配力を残したまま民政に移行するのが軍事政府の狙いとみられるが、果たして公正な選挙が行なわれるのかどうか。すでにスー・チー氏の解放は選挙実施より前には行なわれないことが決定的とされている。

正しい形で民主化が行なわれることを願う国際社会は、ミャンマー政府への対応を変更してもいる。デモの直後、アメリカは経済制裁を強化したが、09年に誕生したオバマ政権は直接対話の中で民主化を促していくと表明。日本政府もミャンマー政府が国際社会から孤立しないよう見守りながら、民主化を促していくとしている。

少数民族問題

ミャンマー軍事政権には、民主化運動との対立に加えてもうひとつ、少数民族の問題がある。

ミャンマー人は、その約7割をビルマ民族が占めているが、残りの3割は130以上の少数民族である。この国には社会主義体制時代に少数民族を軽視した歴史があり、一部民族に武装組織が生まれた。軍事政権となってからは、一定の自治権と引きかえに和平を進めてきたが、近年、いくつかの民族との間に亀裂が生じているのである。

09年8月には、東北部の国境地帯シャン州コーカンでコーカン族との武力衝突が起きた。同地域にある工場をミャンマー警察が麻薬工場と疑い取り締まりに入ったところ、大規模な衝突に発展。政府軍が出動する事態となり、同地区は一時、戦闘地帯となったのである。最後は死者数十名を出して政府軍が鎮圧したのだが、その過程で劣勢に立つコーカン族を近隣に暮らすワ族が支援するなど、少数民族の間で反政府感情を共有する事態が起きた。ワ族は兵士を派遣するだけでなく、コーカン族の指導者を匿《かくま》うなど、反政府活動のためには協力を惜しまなかった。少数民族の横の繋がりが確認されたことで、今後の動きが注視されることとなっている。

ほかにも、カレン民族同盟（KNU）が反発の意を示し政府軍と戦闘を繰り広げるなどしており、ミャンマー政府は少数民族への対応も迫られている。

インドネシア共和国／イスラム過激派との抗争

世界最多のイスラム教徒を抱える「モザイク国家」の苦悩

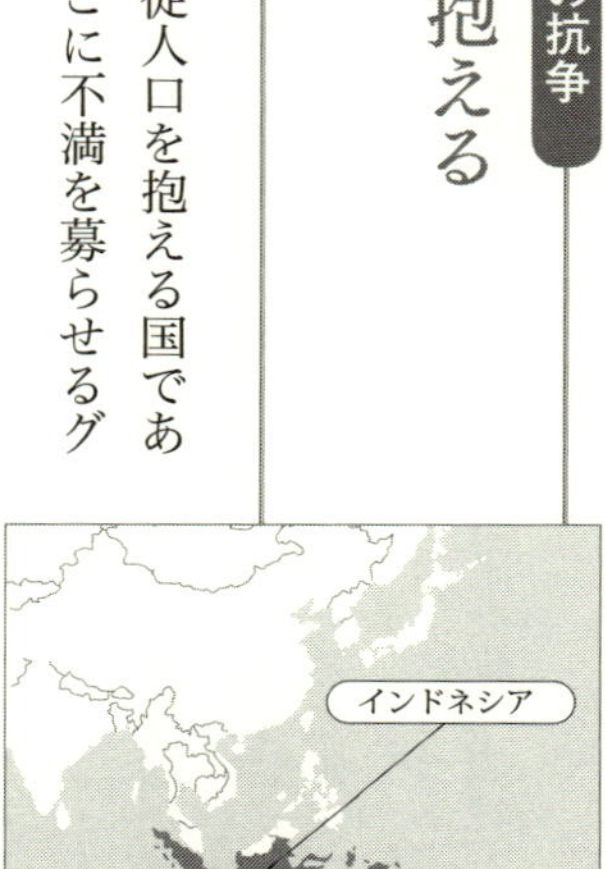

インドネシアは、世界最多のイスラム教徒人口を抱える国である。だが、イスラム教は国教ではない。そこに不満を募らせるグループがおり、テロ行為があとを絶たない。

2009年7月にも首都ジャカルタで自爆テロによるホテル爆破が連続して2件発生し、50人を超す死傷者が出た。インドネシア政府はイスラム過激派グループの犯行と見ている。

スカルノ初代大統領の統治政策

インドネシアは1万3000もの島々が連なる島嶼《とうしょ》国家で、人口は2億人超（中国、インド、米国に次ぐ世界第4位）に上る。大半はマレー系だが、300以上の民族集団が存在し、250以上の言語が使われている、いわゆる「モザイク国家」である。

このように複雑な成り立ちの国ゆえ、１９４５年の独立後、初の大統領に就任したスカルノはどうやって国をまとめるべきか苦慮していた。そして悩んだ末に「多様性の中の統一」というスローガンを掲げて統治をめざした。

インドネシアでは、国民の約89％がイスラム教徒で、キリスト教徒（約９％）やヒンドゥー教徒（約２％）は少数派。通常ならばイスラム国家を標榜しそうなものだが、スカルノは少数民族に配慮して、イスラム教を国教にしなかったのだ。

しかし、敬虔なイスラム教徒やイスラム原理主義者たちはそれに不満を抱いた。その結果、彼らはイスラム国家樹立を標榜して、テロ行為に及んでいるのである。

ただし、多くの島々を抱えるインドネシアの特性として、イスラム過激派グループはひとつではない。たとえばひとつの島を分離独立させてイスラム国家樹立をめざすなど、地域ごとに特性がある。本項ではそうした中からふたつの事例について見ていくことにする。

東南アジア最大のイスラム過激派

イスラム過激派グループの中でももっとも活発にテロを行なっているのが、ジェマー・イスラミア（ＪＩ）である。東南アジア最大のイスラム過激派テロ組織で、その思想はインドネシアだけでなくマレーシア、タイ南部、フィリピンにまたがる「大イスラム国家」の樹立をめざしており、これらの国でもテロ活動を行なっている。国際テロ組織アルカイダとの関係も指摘されており、実際、インドネシア政府がＪＩの存在をはじめて明かしたのは、01年同時多発テロの直後のことだった。

バリ島及びジャカルタでのテロ行為

ＪＩの犯行でよく知られるのは、バリ島での二度にわたる爆破テロだ。

ひとつは02年、バリ島南部クタにある人気ディスコでの爆破事件である。外国人観光客が多い施設を狙ったもので、ディスコ前に止めた自動車に爆薬をしかけて爆破。日本人２人を含む22ヶ国２０２人が死亡、３００人が負傷するという大惨事になった。

バリ島でのもうひとつの爆破テロは05年、やはり南部クタなどで起きた。飲食店３件での自爆テロで容疑者３人を含む23人が死亡した。

世界的な観光地であるバリ島はテロによって治安イメージが悪化し、大きなダメージを受けた。02年の爆破現場には、犠牲者全員の氏名が刻まれた巨大な慰霊碑が建てられており、テロ撲滅の思いを込めたモニュメントとなっている。

【世界のイスラム教徒人口】

順位	国名	イスラム教徒人口	総人口	イスラム教徒比率
1	インドネシア	2億470万人	2億3000万人	89%
2	パキスタン	1億7360万人	1億8080万人	96%
3	インド	1億5570万人	11億9800万人	13%
4	バングラデシュ	1億4600万人	1億6220万人	90%
5	エジプト	7470万人	8300万人	90%
6	トルコ	7410万人	7480万人	99%
7	イラン	7350万人	7420万人	99%
8	ナイジェリア	6960万人	1億5470万人	45%
9	エチオピア	3730万人	8280万人	45%
10	アルジェリア	3460万人	3490万人	99%

※世界人口白書2009、国連統計年鑑、世界事典(共同通信)等をもとに計算

ＪＩは、こうした観光地や外国人に関係する施設を狙うことが多く、ほかには首都ジャカルタでの活動が目につく。03年のマリオットホテル、04年のオーストラリア大使館、そして09年7月に再びマリオットホテルなどで起きた爆破テロに関わったとされている。

テロ撲滅を掲げるユドヨノ政権は、ＪＩの掃討に尽力しており、07年にはジャワ島各地での一斉捜査でＪＩ幹部2人を含む9人を逮捕した。その中にはマリオットホテルやオーストラリア大使館などの爆破事件の首謀者とされる者も含まれており、彼らはテロ行動に対し「イスラム教徒が大多数を占めるインドネシアで、イスラム教にのっとったイスラム国家を樹立するためのジハードだ」と表明。

思想のためには手段を問わないＪＩの姿勢を明らかにした。この逮捕で一時、ＪＩは弱体化したように見えたが、09年に再びホテル爆破テロが起こったように、その活動は衰えていない。

独自のイスラム信仰を持つアチェ地区

もうひとつ、インドネシアの中でも特にイスラム信仰が強く、独自の運動を展開してきた地域がある。スマトラ島北部に位置するアチェ特別州（現ナングル・アチェ・ダルサラム州）は、アチェ人が90％を占め、イスラム国家としての分離独立をめざす自由アチェ運動（ＧＡＭ）が、武力闘争を繰り広げてきた地域である。

アチェ人のイスラム信仰は、厳格といわれている。たとえば09年9月にアチェ州議会が可決した以下の条例は、ニュースにもなり話題になった。

「インドネシアのアチェ州議会は14日、婚姻外の性交渉に対して、投石による死刑などを科す条例を全会一致で可決した。（中略）条例によると、配偶者ではない相手と性交渉を持った場合、独身者にむち打ち１００回、既婚者には石打ちによる死罪を適応。刑は公衆の面前で行なわれる（後略）」（09年9月15日・毎日新聞より）

□インドネシア共和国

つまり、「不倫をすると公開処刑として石打ち（投石）で死刑になる」ということだ。こうした姦通罪での石打ち刑を定めているのはイスラム圏でも数ヶ国に過ぎない。もちろんインドネシアも認めておらず、アチェ州議会が独自に条例化したものである。

このようにアチェは厳格なイスラム信仰を持つ地域であり、それゆえ独立運動も盛んに行なわれてきた。19世紀にはオランダの植民地支配から単独での独立をめざし、20世紀の日本軍占領下でも独立を模索、さらに戦後インドネシアに併合されてからも独立を唱え続けてきた。

イスラム国家としての自立こそ、アチェ人の悲願なのである。

地震被害による和平合意

実はスカルノ大統領もこうしたアチェの特異性は理解しており、インドネシアに併合する時には例外的に特別州に認定し自治権を与えた。だが、それでもアチェの人たちは納得せず、独立をめざすGAMの活動によって政府軍との戦闘を繰り返していった。

特に、98年にスハルト政権（第2代スハルト大統領の政権）が崩壊してからは、新政権とGAMとの戦いは激化。02年に政府軍がGAM司令部を攻撃し、最高司令官など7名を殺害すると、03年からはGAMの攻撃も盛んになり、戒厳令も発令された。

だが、04年12月に転機が訪れる。スマトラ沖大地震の発生である。アチェ及び北スマトラ地域は死者・行方不明者16万人を記録し、アチェの州都バンダ・アチェは地震と大津波により建造物が多数倒壊するなど壊滅的な被害を受けた。もはや、戦闘は不可能となり、政府とGAMの間で停戦が実現。05年に両者はフィンランドで和平合意に至った。

しかし、GAMは解体されたが、アチェ市民には不満がくすぶってもいる。06年には約1万人の抗議集会とデモが起きたほか、09年にも旧GAMの関連施設に爆発物が投げ込まれるなどの事件が発生している。外国人を狙った銃撃も多発しており、今後の動きが注目される地域となっている。

フィリピン共和国／フィリピン反政府運動

ミンダナオ島など南部に追われたイスラム教徒たちの独立志向

フィリピンの国民は90％近くがキリスト教徒である。それゆえ、イスラム教を信仰する少数派の国民は長い苦難の歴史を歩んできた。近年、フィリピンで深刻になっている反政府運動は、その抑圧されたイスラム教徒の反抗である。

彼らは植民地時代にミンダナオ島をはじめとする南部に追いやられた経緯があり、これらの地では今も分離独立をめざす過激派グループによる活動が絶えていない。09年にも戦闘が勃発したほか、誘拐事件なども発生している。

モロ族との軋轢

フィリピンは植民地としての歴史が長い。第二次世界大戦が終わるまではアメリカの支配下に置かれていたが、それ以前は1571年からスペインの統治下に入っていた。

当時、スペインはマニラを拠点として現地住民のカトリック化政策を進めた。その過程でフィリピン中部に点在していたイスラム教徒のモロ族を、南部にあるミンダナオ島やスールー諸島へと追いやっていった。しかも、モロ族の掃討にあたったのはカトリックに改宗したフィリピン人たちで、この時からフィリピン人とモロ族との間に遺恨が生じたといわれている。

その後1898年からは、米西戦争に勝利したアメリカによる統治時代を迎えるが、ここでもモロ族に対する植民事業が行なわれた。アメリカはモロ族をフィリピン化させようとして、彼らの居住地域にフィリピン人の移住を奨励したのだ。こうした同化政策は、少数民族への支配を強めようとする時の常套手段であり、そこではフィリピン人に有利な政治が行なわれ、両者の対立はいっそう深まっていった。

そして46年にフィリピンが独立を果たすと、約320万人のイスラム教徒の怒りが一気に放出された。

彼らの中から、フィリピンからの分離独立を求める運動を起こり、やがて武力衝突へと発展していったのである。

□フィリピン共和国

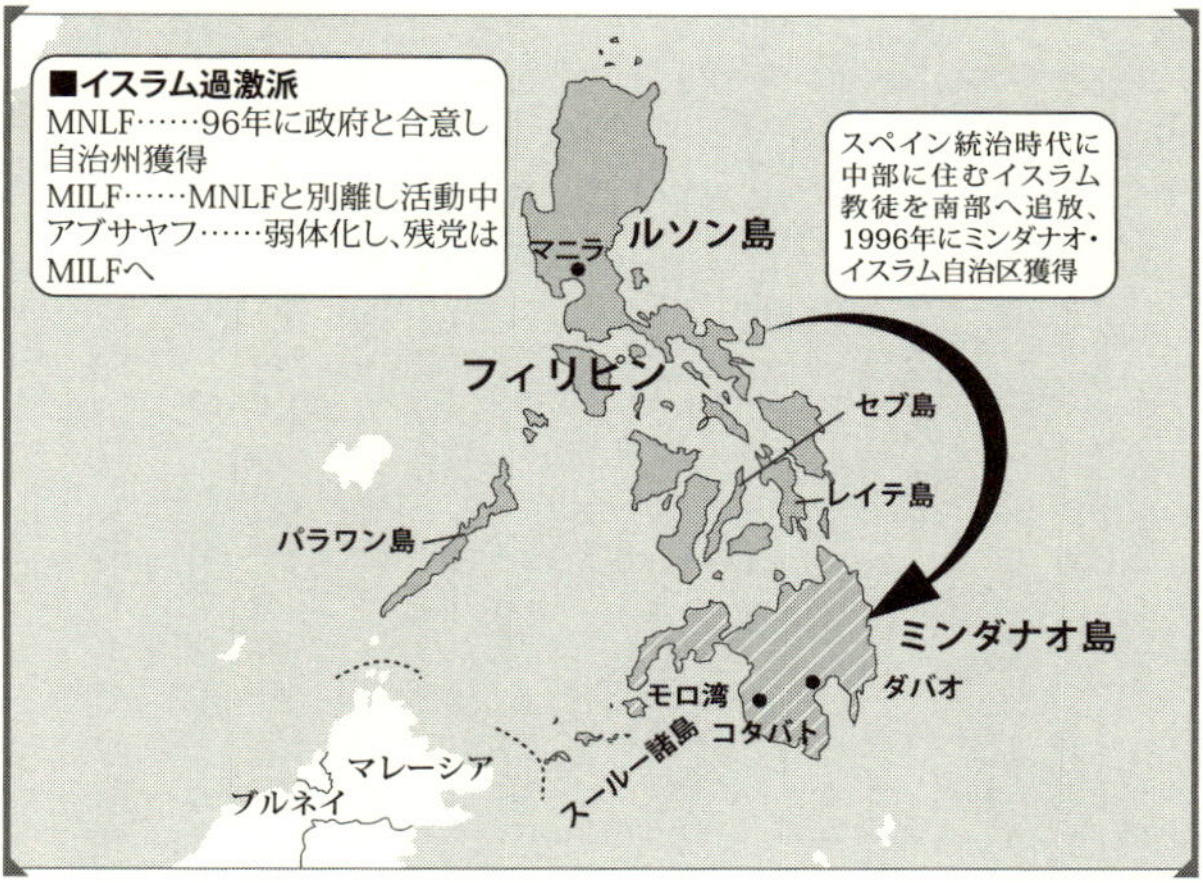

自治州獲得後も続くテロ行為

こうした独立運動の中で、もっとも活発だったのが70年にイスラム青年グループが結成したモロ民族解放戦線（MNLF）である。数万人規模というゲリラ軍を組織すると、政府軍との衝突を繰り返し、戦いは25年以上も続いた。そして、96年にラモス政権との間で和平協定が締結され、イスラム教徒の多い南部14州をまとめる形でミンダナオ・イスラム自治区が誕生した。

これで紛争は終結したかに見えたが、この和平協定には不満を持つ者たちがいた。MNLF内部からわかれたモロ・イスラム解放戦線（MILF）や、オサマ・ビンラディンと繋がりが深いとされるイスラム原理主義過激派アブサヤフ（ASG）である。

MILFは、自治よりもあくまで分離独立を求め、一般市民をも巻き込んだ爆破や誘拐事件を展開していった。01年にアロヨが大統領に就任してから和平交渉が再開され、09年には、イスラム自治区の拡大、新たな統治機構の設置などで合意直前にまで達したこともあったが、国民から「政府はテロ組織に対して譲歩しすぎではないか」との批判が出されたことで署名直前で頓挫。政府の態度に怒ったMILFは、ミンダナオ島の北コタバト州などで再び戦闘に突入し、約16万人の住民が避難する中、政府軍2人が死亡、MILF31人が死亡した。

MILFとは、これまでも何度か停戦ムードが漂いながら壊れており、政府は国民合意の上での解決を迫られている。

貧困による犯罪集団の横行

一方、もうひとつのイスラム過激派勢力であるアブサヤフは、94年頃から観光産業や海外投資に大きな打撃を与えることを目的に外国人の誘拐や暗殺、爆破などを行なってきた組織である。

04年にマニラ湾沖で大型フェリーを爆破して116人を死亡させたほか、その翌年にもマニラなど3ヶ所で連続爆破テロを起こしたことで知られている。

だが、ビンラディンとの関係が取り沙汰されたこともあり、フィリピン政府は01年の同時多発テロ以降、アメリカ軍と協力してミンダナオ島などで掃討作戦を実施。これにより多くのリーダーを殺害・逮捕し、組織を大幅に弱体化させた。残党の多くはMILFなどへ流れたとされるが、現在はアブサヤフ自体による大規模なテロ活動は減っており、もはや稀に誘拐事件を起こす程度の勢力しか残っていないとされている。

アブサヤフは、当初こそイスラム教国の独立をめざした活動が主であったが、次第に様相をかえ、晩年は強奪集団と化していた。彼らが拠点とする最南地域は、国内でもっとも経済発展の遅れた地域であり、インフラ整備も進んでおらず、産業誘致も行なわれていない。仕事がない者も多く、治安は悪化し、武器や金銭目当てにアブサヤフの誘拐に加担する者たちもいたという。

そのため、アブサヤフを撲滅しても、また同じような集団が登場するとの見方があり、南部の混迷は続いている。

貧困への対策を含め、フィリピン政府が抱える課題は多い。

南シナ海／南沙諸島領有権問題

アジア6ヶ国が争う持ち主「不明」の島々

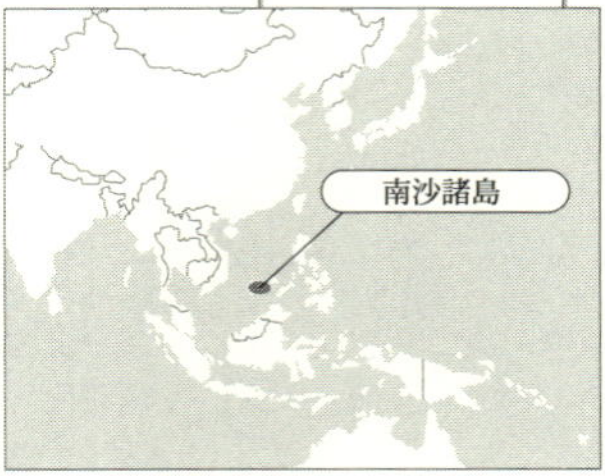

南シナ海の南沙《なんさ》諸島は、33の小島と400以上の環礁（円形状に広がる珊瑚礁《さんごしょう》）からなる海域である。美しい珊瑚礁が連なる中に点在する島々は、ほとんどは無人島で満潮になれば海底に沈む島すらある。

だが、そんな南沙諸島の領有権をめぐって、ベトナム、中国、フィリピン、マレーシア、台湾、ブルネイというアジアの6ヶ国が争っているのである。

日本が手放した領有権

20世紀初頭まで歴史をさかのぼると、南沙諸島は日本の占領地だった。第一次世界大戦前には鉄鉱石の採掘を行なってもいる。しかし、太平洋戦争に敗れた日本は、1951年にサンフランシスコ講和条約に調印。これによってこの地域の領有権を正式に放棄することになった。

通常であれば、日本の持っていた領有権は別の国に引き渡されるはずである。しかし当時は、日本のあとの領有権について何の取り決めもされなかった。そのため、各国が自分の領土だと主張し始めることになった。

51年5月にはベトナムが南沙諸島の領有を宣言した。続いて同年8月には中国が4島の領有を主張。56年にはフィリピンが南沙諸島内の無人島の領有を訴えたほか、パグアサ島に滑走路をつくり、兵士や漁民を移住させてもいる。88年には、武力衝突も勃発。南沙諸島全域の領有権をめぐってベトナムと中国が軍事衝突を起こし、１００名を超える死者を出した。

６ヶ国の主張は、ふたつのタイプにわかれている。フィリピンは自国領パラワン島沖に当たる地域の領有を主に主張しており、マレーシア、ブルネイも一部地域の領有権主張にとどまっている。

それに対して、南沙諸島から遠方に当たるベトナム、中国、台湾の３ヶ国は「全域支配」を主張。特にベトナムと中国が積極的に支配を進めているのが実情だ。

小さな島々に潜む大きな魅力

では、なぜ多くの国が南沙諸島を手に入れたがるのか。理由は、大きくふたつある。

ひとつ目は、資源に関する利権である。68年、アジア海底鉱物資源合同調査委員会による調査で、この地域一帯に良質な石油や天然ガスが埋蔵されている可能性があることがわかり、各国が色めきたった。

そして、82年に国連海洋法条約が採択されると、各国の主張にさらに拍車がかかった。同条約は、200カイリ水域内の漁業・鉱物資源に対する優先権を認める排他的経済水域を設定するもので、小さな島をひとつ領有するだけで200カイリ（約370キロ）の排他的経済水域を手に入れることができるようになったのである。

ふたつ目の理由は航路にある。たとえば、日本の輸出品を東南アジアや南アジアに運んだり、中東で産出された石油をアジア各国に運んだりする場合、ここは重要な航路となる。つまり、南沙諸島を支配することは経済、軍事両面で大きな意味があり、他国には渡しにくい。そのため、当初、東南アジアの国々は国連海洋法に基づいて協調関係を保とうとしたのだが、中国が強硬姿勢を崩さなかったことで混乱を招くこととなった。

中国は92年に領海法を制定すると、南沙諸島は自国の領土であると主張、その保護のた

□南シナ海

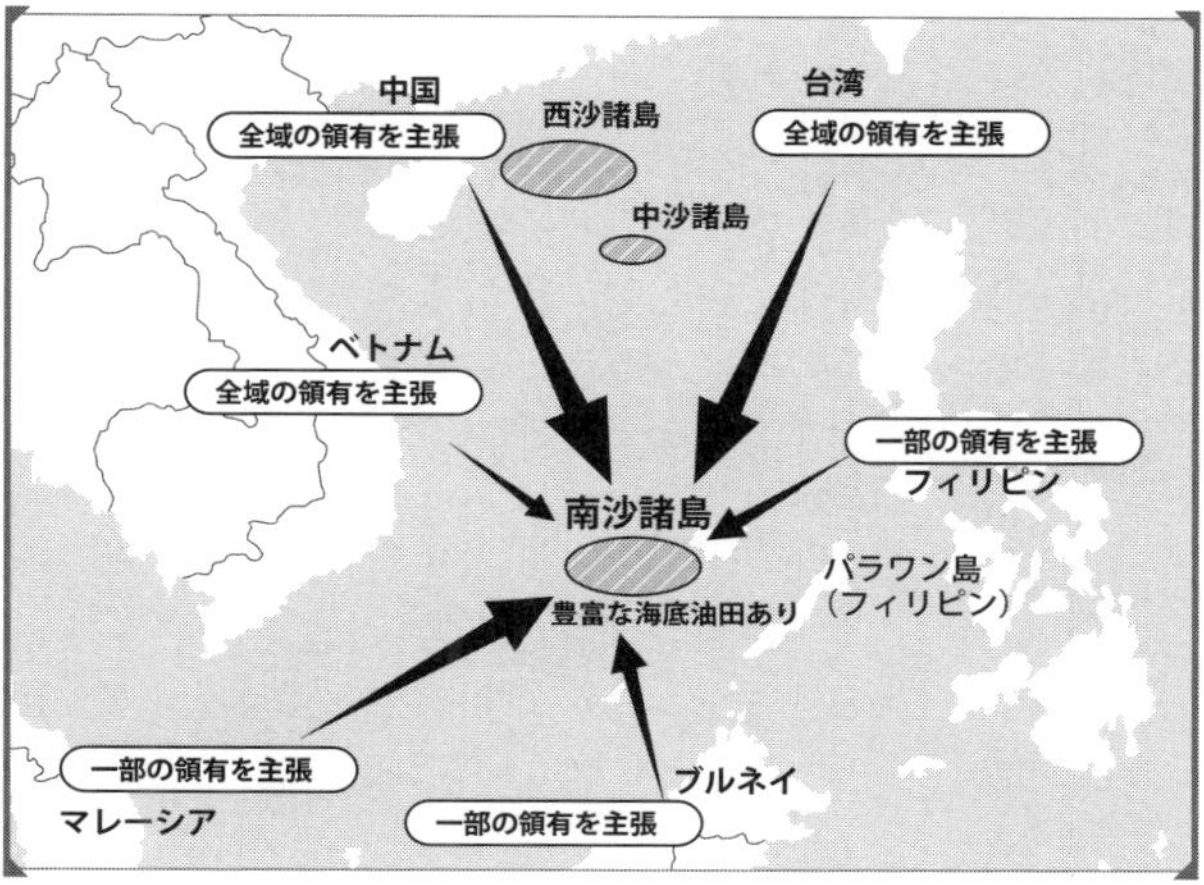

めには領海侵犯に対して武力行使も辞さないと宣言した。そして、フィリピンが領有権を主張していたミスチーフ環礁を占拠し、建造物の拡張作業を始めるなど強硬手段に出た。

こうした中国のやり方に対して、ASEAN（東南アジア諸国連合）は非難声明を出すなど共同態勢で中国を牽制した。99年、中国はASEANと事務レベルでの交渉を承諾し、当該2国間の直接協議によって問題を解決する姿勢を示したが、アジア各国がそれで納得したわけではなかった。

中国の強硬姿勢

こうした緊張状態は21世紀に入ってからも続いている。

02年にはASEANと中国が平和的解決に向けて「南シナ海行動宣言」に調印したが、拘束力が弱く、結局、何も解決していない。04年4月にはベトナム企業による観光船ツアーに政府や軍の関係者が乗っていたため軍事的視察の疑惑が浮上。また05年には台湾が同諸島最大の島・太平島での軍用空港建設プロジェクトを始動させるなど、各国の自制なき行動が続いた。

そして、近年でもっとも緊張を招いたのが07年、中国による「三沙市」設立宣言だった。中国はまず島らしい島がない(満潮時に水没する島が多い)中沙諸島の領有を宣言すると、南沙、西沙の3諸島にまたがる地域を自らの行政区「三沙市」に指定すると発表したのである。

これにはベトナムが反発。もともと西沙は南北統一前の南ベトナムが支配していたのを、74年に中国軍が占領した経緯がある。ベトナムでは反中国デモが繰り広げられ、ベトナム政府も改めて西沙、南沙における主権を主張する事態となった。

領有権が決まっていない地域の争奪戦ゆえ、誰に正義があるのかが見えにくいのが、南沙諸島の領有権問題である。何をもって解決とするのか。いかに衝突を防ぐのか。国際社会の知恵が求められるところである。

東ティモール民主共和国／東ティモール独立紛争

21世紀最初の独立国に悲願達成後も続く内政混乱

インドネシア南東部の海域に、ティモール島という細長く小さな島が浮かんでいる。その中央には国境線が引かれており、島の東西で属する国が異なることがわかる。西側半分はインドネシア領、そして東側半分が東ティモールと呼ばれる国で、２００2年5月に独立したばかりの若い国である。

東ティモールは国民の念願が叶う形で独立したが、内政は安定せず、暴動が頻発。08年には大統領銃撃事件が起き、現在も10万人を超す避難民がテント暮らしを続けている。

東西に分割された小島

21世紀最初の独立国である東ティモールが、植民地支配を受けたのは16世紀末の大航海時代のことである。当時、香辛料を求めて最初にティモール島にやってきたのはポルトガルだった。だが、やがてオランダが到達すると戦闘が勃発し、１８５９年、両国はリスボン条約によって島の分割を決定した。ここに、西側をオランダ領、東側をポルトガル領とする支配体制が始まったのである。

その後、ティモール島全域は１９４２年に日本に占領され、戦後処理によって西ティモールはインドネシアの一部として併合。一方の東ティモールは再びポルトガルの支配下に入った。だが、そこからおよそ30年後の74年、宗主国ポルトガルにクーデターが起こると、東ティモールは迷走を余儀なくされる。ポルトガルの新政権は、東ティモールの植民地支配を放棄したのである。

インドネシアによる併合

ポルトガルの支配権放棄により、東ティモールでは独立の気運が高まっていった。まず、即時独立を掲げる「東ティモール独立革命戦線」（ＦＲＥＴＩＬＩＮ《フレテリン》）が、75年に東ティモール共和国の建国を宣言。独立国としての一歩を踏み出そうとした。

これに対して、段階的な独立を訴える「ティモール民主同盟」（ＵＤＴ）や、インドネシアとの併合を求める「ティモール人民民主協会」（APODETI）が反発。抗争へと発展したが、そこに介入したのが西ティモールに領土を持つインドネシアだった。インドネシアのスハルト政権はUDTとAPODETIを支援して軍を投入、76年には軍事力に物をいわせて東ティモールを併合してしまう。FRETILINは共産主義を掲げる組織だったため、自由主義を掲げる西側諸国はそれを黙って見ているだけだった。

独立の夢を砕かれた東ティモールは、インドネシア政府に対して激しく抵抗するが、スハルト政権はこれを厳しく弾圧した。91年には無抵抗のデモ隊に軍が発砲し50人以上を虐殺する（サンタクルス事件）など、犠牲者は実に20万人以上に上るといわれる。

しかし、98年にスハルト政権が崩壊すると、新たに大統領に就任したハビビは方針を転換。東ティモールの独立を容認する姿勢を示した。99年8月、国連監視のもとで実施された住民投票では、住民の8割が独立賛成に票を投じ、いよいよ独立に向かっていくことになった。

独立反対派との抗争

ところが、それでも混乱は収まらない。

住民投票の結果が発表されると、今度は独立に反対する勢力が略奪や放火などを行なったため、東ティモール内の治安が急激に悪化した。99年9月、安全を求めて多くの島民が難民化して西ティモール側に逃れる事態に、国連安全保障理事会がPKOを決定。多国籍軍の派遣によって、治安の回復と維持を図った。

その後は独立に向けた準備が少しずつ進んでいった。00年には暫定政府が発足し、01年には憲法制定評議会がつくられ、02年に憲法が発布された。さらに同年、グスマン氏が大統領に選出され、ついに独立の運びとなったのである。

独立後の治安悪化

独立国となった東ティモールは、国際社会の協力によって国づくりを進めていった。だが、治安維持を担っていたPKOが終了すると、06年に再び暴動が発生してしまう。きっかけは待遇改善を求める国軍兵士によるデモだった。これに政府に不満を持つ若者たちが呼応し、さらに国軍兵士が警察官を射殺する事件が起きると、首都ディリの警察は職務を放棄。治安体制は機能しなくなり、無法地帯となった。

東ティモール政府は近隣国オーストラリアなど4ヶ国に派兵を要請、国連によるPKO

□東ティモール民主共和国

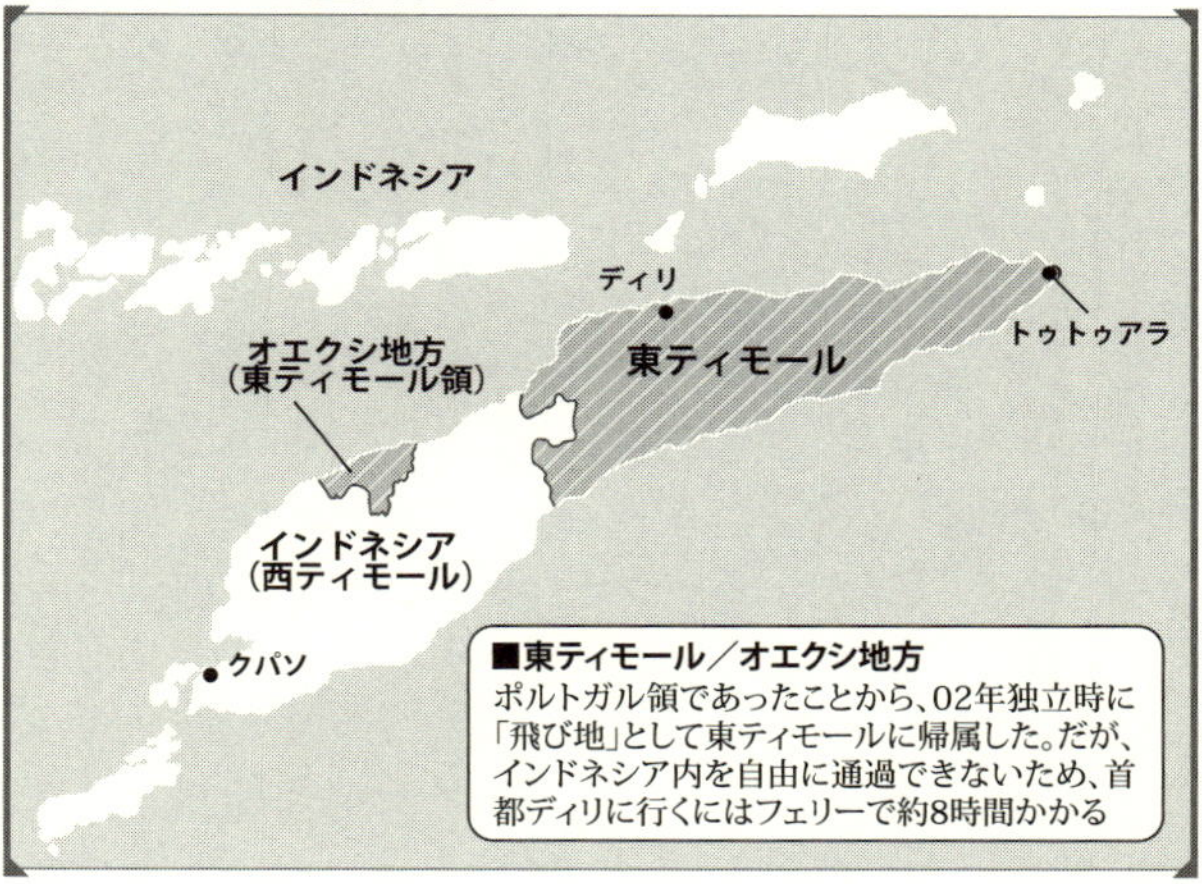
インドネシア
ディリ
トゥトゥアラ
東ティモール
オエクシ地方
（東ティモール領）
インドネシア
（西ティモール）
クパン
■東ティモール／オエクシ地方
ポルトガル領であったことから、02年独立時に「飛び地」として東ティモールに帰属した。だが、インドネシア内を自由に通過できないため、首都ディリに行くにはフェリーで約8時間かかる

の再投入も決定した。さらに08年にホルタ大統領が銃撃されて重症を負うと、政府は非常事態宣言を発出。国連はＰＫＯを延長するなど混乱の収束に追われた。

それ以降、情勢は落ち着きを見せているが、度重なる武力衝突によって人口約１１０万人の1割強にあたる12万人が避難民となっている。

現在の東ティモールは、国際社会が見守る中、少しずつ国づくりを進めているのが実状だ。09年5月、警察権限が国連から政府に移譲され、国としての機能をひとつ回復した。

最大の問題は、難民の避難生活が続いていることにあり、東ティモールに安定が訪れるのはもう少し先になりそうである。

第二章　ロシア・中央アジアの紛争

グルジア／グルジア紛争

反露・親米路線を進める旧ソ連構成国の憂鬱

２００８年８月、世界を震撼させた「グルジア紛争」が勃発した。親米路線を進めるグルジアの内戦に、ロシアが軍事介入したのである。間接的とはいえ、米露が武力をもって対峙する事態に世界情勢は一気に緊迫した。紛争はグルジアの敗北で終結したが、この地域は今後も穏やかならざる火種を抱えることとなった。

ロシアとの遺恨

カフカス（コーカサス）山脈の南側に位置し黒海に面するグルジアは、19世紀後半、ロシア帝国に武力併合されて以降、その支配下に長く置かれてきた。１９１７年のロシア革命で帝国が崩壊した際に一時的に独立したこともあったが、間もなく共産軍の手が伸びて再びロシア（ソ連）圏内に戻る。グルジアがロシアとたもとを分かつのは、それから70年ほど待たなければならなかった。

91年、ソ連が崩壊すると連邦構成国は次々と分離独立を要求した。高まる民族意識を前にロシアはなす術がなく、同年、グルジアも念願の独立を果たした。だが、グルジア国内にはグルジアからの離脱を望む地域があったため、ことは簡単には進まなかった。

実はグルジアには、当時から南オセチア自治州とアブハジア自治共和国というふたつの地域に紛争が存在していた。グルジア人が約84％を占めるグルジア国内にあって、南オセチアはオセット人、アブハジアはアブハズ人が多く住む少数民族の地域である。ソ連時代から自治権を与えられていたこの2地域は、グルジアの独立に前後して、分離・独立を望んだのである。

ロシアの影響力強化

グルジアと南オセチア、アブハジアの間で起こった紛争の経緯は次のとおりである。まず、90年9月、南オセチアがグルジアからの分離を宣言し、ロシア連邦内にある北オセチア共和国との統合を求めた。分断されていた同じ民族地域と合併し、その上でロシアへの帰属を望んだものだった。これに対してグルジアは軍を投入し、武力での制圧を図ろうとした。だが、92年、ロシアが介入したことで南オセチアが勝利。ロシア軍はそのまま平和維持軍として南オセチアに駐留することとなり（グルジア軍、南北オセチア軍との混成）、事実上、南オセチアはグルジアの主権が及ばない地域となったのである。

一方、アブハジアは92年7月に独立を宣言した。そして、グルジアとの軍事衝突に至ると、94年、この戦いでもロシア軍が介入してアブハジアが勝利。しかもアブハジアではロシア軍が単独で平和維持軍となり駐留を続けることとなった。

このふたつの紛争で、南オセチアもアブハジアも多くの犠牲者を出したが、いずれもロシア軍の介入で「事実上の分離・独立」を勝ち取った。その状態の維持を可能にしたのは、ロシア軍の平和維持軍としての駐留である。グルジアは、再三にわたりロシア軍の撤退を要求し続けたが、ロシアが耳を貸すことはなかった。

だが、こうした均衡も破られる時が来る。08年の「グルジア紛争」の勃発である。

グルジア紛争

8月7日、戦闘が勃発したのは南オセチアの州都ツヒンバリだった。ロシアによる実質

□グルジア

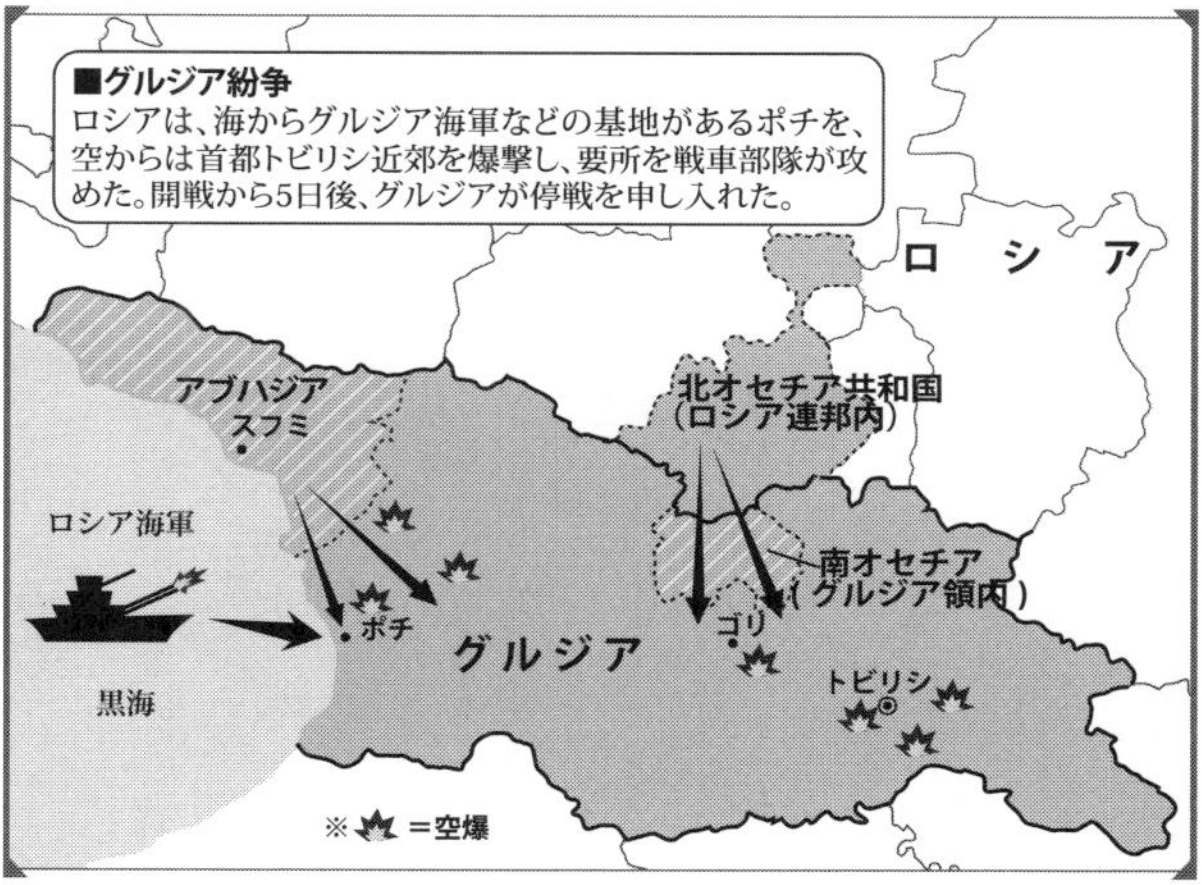
■グルジア紛争
ロシアは、海からグルジア海軍などの基地があるポチを、空からは首都トビリシ近郊を爆撃し、要所を戦車部隊が攻めた。開戦から5日後、グルジアが停戦を申し入れた。
ロシア
アブハジア
スフミ
北オセチア共和国
（ロシア連邦内）
ロシア海軍
南オセチア
（グルジア領内）
ポチ
ゴリ
グルジア
トビリシ
黒海
※ ＝空爆

支配を打破したいグルジアが戦車による砲撃や空軍による爆撃を、平和維持軍、つまり事実上のロシア軍司令部に行なった（グルジア側はロシアが先に攻撃してきたと主張）。これに対してロシア軍が、グルジアの首都トビリシ郊外にある空軍基地を爆撃すると、本格的な戦争状態へと突入。ロシア軍は陸上部隊をグルジア領深くにまで進め、各地方都市を制圧していった。

戦地から逃れた避難民は15万人以上にのぼり、グルジアの敗色は濃厚だった。8月11日、開戦から5日目でグルジアは停戦を申し入れる。EU（欧州連合）らが仲介に入った結果、ロシアも12日には停戦に合意。和平案にはロシア軍の南オセチア駐留を認めさせるなど、ロシア側の意向が強く反映されたものとなった。

「第二の冷戦」勃発か!?

このグルジア紛争では、戦況に加えてアメリカの動向が常に注目を浴びた。グルジアは、旧ソ連の構成国でありながら親米路線を進めていたため、場合によっては米露戦争への発展が危惧されたのである。

実際、アメリカのブッシュ大統領は、ロシア軍が優勢に戦闘を進める中で「21世紀には許されない姿勢である」などとロシアを非難した。ロシアも「グルジア軍基地にあった武器はアメリカ製ばかりだった」と応戦。そして、ブッシュ大統領が「グルジアにアメリカ軍主導の人道支援活動を開始する」との声明を出した時には、世界に緊張が走った。救援物資等の輸送とはいえ、アメリカ軍をグルジアに出撃させる事態にはロシアが激しく反発。「アメリカのグルジア寄りの姿勢が明らかになった」と批判したのである。

ロシアにすれば、もともとソ連に属していたグルジアが、親米路線に転じたのが気に入らないことがある。特に04年にグルジア大統領に就任したサーカシュビリが、ＥＵ加盟や北大西洋条約機構（ＮＡＴＯ）加盟もめざすなど、西側諸国への接触を強めていたのは見過ごせなかった。他の旧ソ連の国々に釘を刺しておく必要から、徹底的にグルジアを叩いておきたかったという見方もある。

米露にとってのグルジア

幸いにして両大国が交戦する事態にはならなかったが、グルジアが重要な位置にあることが改めて鮮明になった。

米露両国は以下の2点でグルジアを重視している。

ひとつは、地理的な理由である。ロシアにとってのグルジアは、帝政時代からトルコや地中海への戦略拠点だった。アメリカもこの地には魅力を感じている。核開発問題で対立しているイランやイラクに近いうえ、ロシアを牽制することもできるからだ。

もうひとつは、資源の問題である。グルジアの東方に広がるカスピ海には世界第3位の埋蔵量を誇る石油、天然ガスがある。グルジアを勢力圏に収めれば、その天然資源をロシアのパイプラインを経ずに欧州へ流すことができる。燃料供給の多角化、安定化は、アメリカにとっても重要な意味を持っていたのである。

アメリカ対ロシアという視点で見ると、グルジア紛争は冷戦終結後、両国間がもっとも緊張した瞬間だった。「新冷戦」時代が到来したと囁く声さえ上がった。

グルジアの疲弊

和平合意後、ロシアのメドベージェフ大統領は「南オセチア、アブハジアの両地域の独立を承認する」と宣言。両地域内に軍事基地の建設を進め、「国境線」の警備にも当たり始めた。グルジアは、これを実質的な領土侵犯であるとして非難しているが、ロシアの実効支配は解かれそうにない。

一方、南オセチアに進軍したグルジアの行動に対しては、国際社会は一定の理解を示している。だが、戦闘で受けたダメージは大きく、経済は停滞し、欧米からの支援を仰いで国を支えている状況だ。そのため、グルジア人の間ではサーカシュビリ大統領への失望感も広がっている。

また、難民の問題も残されたままだ。首都トビリシ郊外などにつくられた難民用の大規模住宅では、今も配給食糧などに頼る人々の生活が続いている。

結局、グルジア紛争で利を得たのはロシアであった。グルジア人の間には反露感情が強まっており、これが遺恨となり次の紛争に繋がらないよう国際社会は注視している。

チェチェン共和国／チェチェン独立紛争

「カフカスの火薬庫」によるロシアの大国主義への抵抗

1991年のソ連崩壊時、独立を望んだチェチェンの願いを、ロシアは認めなかった。独立運動が高まる中で、軍を進攻・駐留させたのが二度にわたる「チェチェン紛争」である。独立派はテロで応戦するなど抵抗したが、大国ロシアとチェチェンでは力の差はあまりに大きかった。

2009年4月、ロシアが軍事行動の終結を宣言したことで、チェチェン問題は一応の区切りを迎えた。だが、チェチェン国内ではその後も反体制的な立場をとる者の誘拐、殺害などが相次いでいるとして、人権団体から抗議を受けている。

ロシアとチェチェン

チェチェンは、16世紀に帝政ロシアからの進攻を受け、19世紀にはロシアに併合された地域である。以降チェチェンはロシアの支配下に置かれてきたが、チェチェン人の民族としての独立心は強く、いつの時代もロシアから警戒されていた。第二次世界大戦中には、チェチェンが敵国ドイツに協力する可能性を考えたスターリンによって、50万人以上がシベリアや中央アジアへ強制移住させられたという歴史もある。戦後、帰郷したのはその半分に過ぎず、チェチェンの人たちはロシアへの恨みを募らせたのだった。

そうした経緯から、91年にソ連が崩壊した時、チェチェンに独立の気運が高まったのは当然のことであった。ソ連の構成国からはバルト三国や中央アジアの国々が次々と独立を果たしており、チェチェンもそれに続こうとしたものだ。だが、新生ロシアの大統領の座についたエリツィンはそれを認めなかった。

独立させせない理由

他の国々が独立を勝ち取りながら、なぜチェチェンは独立できなかったのか。

そこには経済的な理由があった。カスピ海の油田からロシアへ至る石油パイプラインは、チェチェンの首都グロズヌイを通っている。チェチェンの独立を認めれば、ロシアは石油の利権を失ってしまう。またチェチェン国内にも原油が埋蔵されており、経済的立て直し

□チェチェン共和国

を必要としていたロシアは、これを手離したくなかったのだ。

さらに、バルト三国などがソ連の連邦構成国のひとつだったのに対して、チェチェンはロシア内に属する国であったことも事情を複雑化させた。チェチェンの独立を認めれば、ロシアの他の少数民族国家も相次いで離反する恐れがあり、ロシア政府としては独立を容認するわけにはいかなかったのである。

ロシアの軍事進攻

だが、たとえロシアが認めなくてもチェチェンの分離独立運動が収まることはなかった。こうした独立気運に対して94年、エリツィンが軍事進攻したのが、第一次チェチェン紛争である。

当初、ロシアは数日で終結すると考えていたが、事態はそれほどたやすいものではなかった。チェチェンにはイスラム教徒が多く、反ロシア勢力はイスラム原理主義組織の支援を受けて戦ったのだ。そのため、ロシアは苦戦を強いられ、チェチェンの首都グロズヌイ制圧までに1ヶ月を要し、結局、双方を合わせると、10万人を超える死傷者を出すこととなった。

96年に結ばれた停戦協定では「独立問題は（5年後の）2001年に再検討する」とされ、98年には両国の首脳会談が実現。これで和平が実現するかと思われた。

ところが、モスクワなどで連続爆破事件が起きると、ロシアはそれをチェチェンの過激派によるテロとして、99年に再び進攻を始めた。これが第二次チェチェン紛争である。

チェチェンの武装勢力は激しい抵抗を見せたが、ロシア軍は前回の苦戦を教訓として大規模な攻撃を展開。民間人を多数巻き込む攻撃が繰り広げられ、人口の4分の1に相当する20万人以上のチェチェン人が死亡したと伝えられている。

そして、首都グロズヌイが制圧されると、ロシア主導の下で新たにカドイロフ大統領が就任。ロシア軍の駐留のもとで、新政権がチェチェン統治に当たることとなった。

独立派のテロ行為

その後、チェチェンとロシアの抗争は、ゲリラ化したチェチェン独立派のテロ活動が多発することになる。独立派はカドイロフ政権をロシアの傀儡《かいらい》とみなし、反体制の姿勢を強めていった。

02年10月には、チェチェンの武装勢力がモスクワの劇場を占拠する事件が起きた。自動小銃や爆弾で武装した約50人の犯行グループは、700人以上の観客を人質にして立てこもると、チェチェン共和国から1週間以内にロシア軍が撤退することを要求。それが受け入れられなければ劇場を爆破すると訴えた。これに対してプーチン大統領のロシア政府は、事件発生の4日後に特殊部隊を突入させ、犯行グループ全員を殺害。同時に人質約130人も死亡するという大惨事となった。

この事件に象徴されるように、00年にロシア大統領に就任したプーチンは、チェチェン問題に対して極めて強い態度で臨んだ。チェチェンの過激派がテロ攻撃で抵抗しても、あくまで制圧を優先させる姿勢を貫いたのだ。04年には北オセチア共和国の中学校に攻め入ったチェチェン独立派が1000人以上を人質に立てこもる事件も起きたが、この時も300人以上の犠牲者を出しながら制圧している。

独立派によるテロ行為は、こうした事件を経て、次第に減少していくことになる。

一方、チェチェン国内に関しては、独立派の指導者が相次いで殺害されたこともあり、親ロシア派のカドイロフ大統領による統治が進み、独立派の動きは目立たなくなっていった。

ロシア傀儡政権のもとで

09年4月、ロシアはチェチェンにおける「対テロ作戦の終了」を国際社会に対して宣言した。およそ10年にわたったロシア軍の駐留が解除され、約2万人の部隊が撤退に向けて動き出した。

チェチェン問題はこれで収束したようにも見える。だが、ロシアによる軍事行動がなくなっても、チェチェンに平静が訪れた様子はない。

国際的な人権団体アムネスティ・インターナショナルによると、09年以降、チェチェンでは反政府的な仕事をしたジャーナリスト、人権派弁護士、人権活動家らが相次いで拉致・殺害される事件が起きており、しかもそれらの取り締まりをカドイロフ政権下の当局が無視している、とチェチェン情勢に警戒を促している。

ナゴルノ・カラバフ共和国／ナゴルノ・カラバフ紛争

アゼルバイジャン国内にあるアルメニアの実効支配地域

ナゴルノ・カラバフ共和国といっても、一般にはなじみがないであろう。独立を宣言しているが、国際的には「国」として承認されていない。実際のところは「アゼルバイジャン共和国内にある事実上の独立地帯」と言えるような地域である。

もちろん、アゼルバイジャンが自国内で「事実上の独立」を認めているわけではない。もともと犬猿の仲にある隣国アルメニアとの紛争がきっかけとなったもので、それゆえアゼルバイジャンとアルメニアは、今も緊張状態が続いている。

異国の中のアルメニア人

ナゴルノ・カラバフに関しては、まずは地図上でその立地を確認してほしい。アゼルバイジャン国内の西方、つまりアルメニア寄りに位置しており、山梨県ほどの面積を有する、アゼルバイジャン内の自治州である。だが、実際はアルメニアの支配を受けており、ラチン回廊と呼ばれる道路でアルメニアと地続きになっている。

複雑な事情は、この地域の民族構成に起因するものだ。アゼルバイジャンはトルコ系のイスラム教徒が主流の国であるが、ナゴルノ・カラバフに限っては住民の8割がキリスト教を信仰するアルメニア人なのである。

では、なぜナゴルノ・カラバフはアルメニアの飛び地のような格好になってしまったのだろうか。実は紀元前の時代、アルメニア人はこの地域一体に広大な王国を築いており、10世紀頃から国が衰退していく中で人が散らばっていった歴史がある。結果、アルメニア人は各地でコミュニティを形成していった。ナゴルノ・カラバフ一帯もそうした地域のひとつであり、そこがアゼルバイジャンに取り込まれてしまったのである。

ナゴルノ・カラバフを巡る戦争

アゼルバイジャンとアルメニアは、隣国でありながら民族も宗教も違うため、そこにナゴルノ・カラバフ問題が絡むと紛争に発展しやすい傾向がある。ロシア革命(1917年)

□ナゴルノ・カラバフ共和国

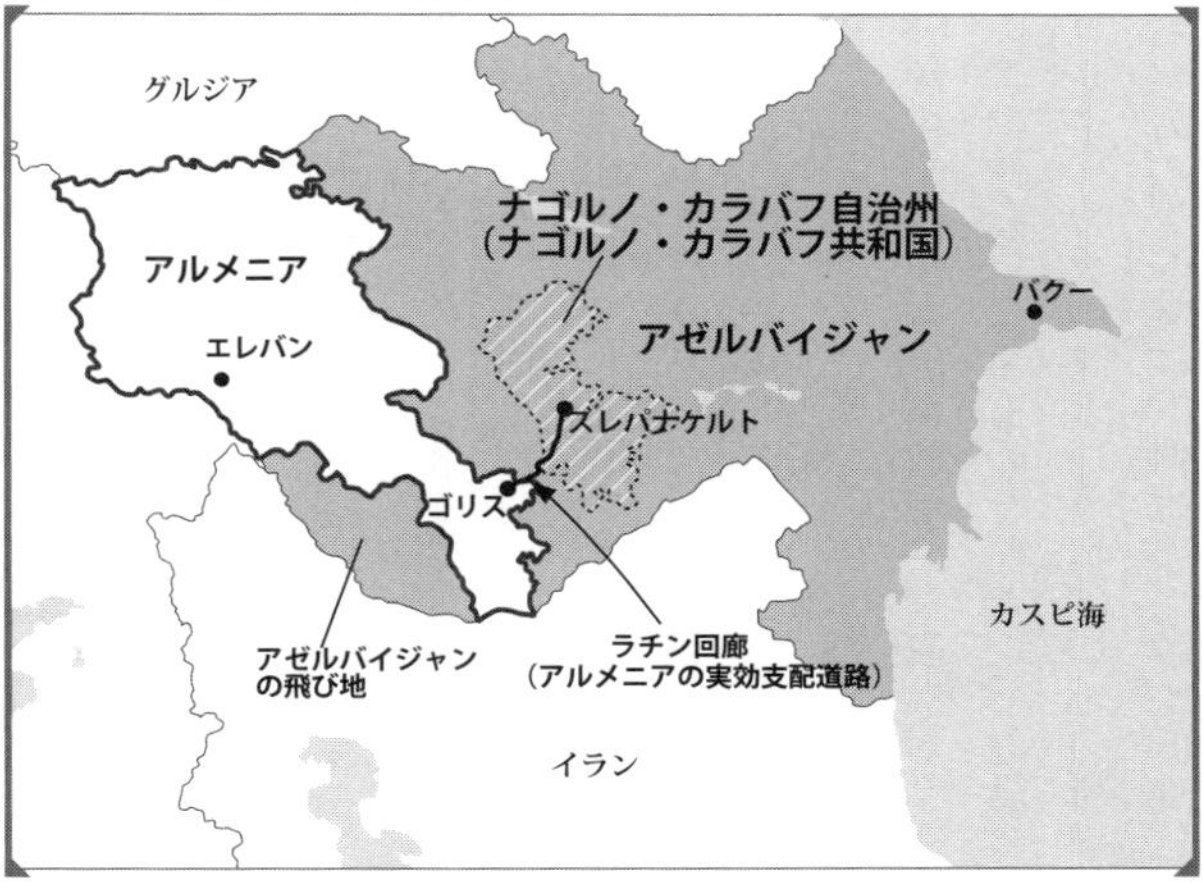

の時にも、アゼルバイジャンとアルメニアは戦争になった。共和国として両国が自立していく中で、ナゴルノ・カラバフの帰属を巡って争いになったものだ。ただ、当時はソ連への編入に際してスターリンらが決定を下し、ナゴルノ・カラバフはアゼルバイジャンに組み入れられることで決着した。

次に大きな争いに発展したのは、91年のソ連崩壊時だった。この時は、アゼルバイジャンとアルメニアの両国がソ連から独立していく中で、ナゴルノ・カラバフもアゼルバイジャンからの独立を宣言したために紛争になった。アゼルバイジャンが軍を投入すると、そこにアルメニアが軍事介入し、本格的な戦争へと発展していった。

紛争は約2年にわたり、おおむねアルメニア側が優勢な戦況を続けたが、ロシアの仲介により、94年に停戦。一連の戦いで約1万8000人の犠牲者と100万人以上の難民が出たとされている。

アルメニアの実質支配

停戦はしたものの、和平調停を巡り紛糾は続いた。和平案は戦争前の状態に戻すことをめざしており、戦闘を有利に進めたアルメニアが納得できるものではなかった。和平に当たっては国際社会にも迷いがあり、もし、国境線を引き直すような和平案になると、それが次なる紛争を生むのではないかと危惧したのである。

納得できないアルメニアはナゴルノ・カラバフの占拠を解かず、そのまま居座り続けた。本国と繋ぐためのラチン回廊も確保し、実効支配を強め、そのまま現在に至っている。

08年になって両国は政治的な直接対話を続けていくことで合意し、共同宣言に署名した。ロシアの仲介によるものだったが、対話の難航は予想に難くない。アゼルバイジャン側はナゴルノ・カラバフという自国領土の軍事的解放や難民が無事帰還することが先だと主張し、一方のアルメニア側はまず政治的地位の確定を求めたいとしている。

続く緊張状態

現在のアゼルバイジャンとアルメニアは、ロシアの力もあって平穏を保っている。アルメニアは国内にロシア軍基地を置くほど親ロシアの傾向が強く、アゼルバイジャンもむやみに手を出せない状態だ。しかし、だからといってナゴルノ・カラバフ問題が解決したわけではない。

09年10月、ナゴルノ・カラバフが思わぬところで注目された。トルコとアルメニアの国交正常化に関する調印式が、このナゴルノ・カラバフを巡って紛糾したのである（第一次世界大戦中のオスマン・トルコによるアルメニア人虐殺問題で両国には国交がなかった）。

原因は、トルコが調印後の声明文でナゴルノ・カラバフに言及しようとしたことだった。これにアルメニア側が怒り、式場から帰ってしまった。仲介役のアメリカのヒラリー・クリントン国務長官がどうにかとりなしたが、アルメニア側の反発は相当なものであった。

トルコとアルメニアの国交正常化は1世紀ぶりの文字通り「世紀の和解」だったが、アルメニアにすればナゴルノ・カラバフは「（トルコとの）国交回復には関係のない話」であり、むやみに触れてほしくなかったわけだ。それほど、ナゴルノ・カラバフは慎重に扱うべき問題なのである。

第三章　中東の紛争

イラク共和国／イラク戦争後の混乱

宗派対立、反米テロ等で国内はさながら内戦状態

２００３年３月19日、アメリカはイラクへの攻撃を開始した。それから53日後の５月１日には、早くもブッシュ大統領による戦闘終了が宣言されたが、実際にはイラク復興に向けての困難な戦いがここから本格化したのだった。

アメリカから駐留軍が進めるイラク復興は10年になっても完了していない。市民の内乱、イスラム教のスンニ派とシーア派による宗派抗争、さらには反米武装勢力によるテロ行為などで混乱を極め、犠牲者が増える事態となっているのである。

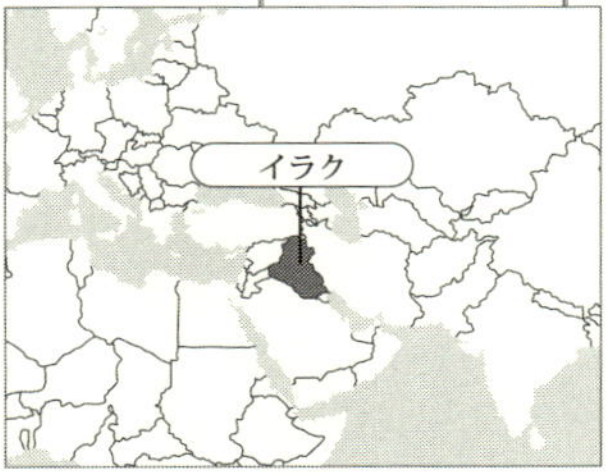

イラク復興支援の誤算

そもそも、イラク戦争の発端は01年９月11日に起きた同時多発テロである。約３０００

人もの死者を出したアメリカは、まずテロの首謀者とされた国際テロ組織アルカイダの引き渡しに応じなかったアフガニスタンを攻撃した。

次いでイラクのフセイン大統領に対し、大量破壊兵器を開発していると批判。この大量破壊兵器がアルカイダの手に渡り再びアメリカが攻撃される恐れがあるとし、確たる証拠もないままにイラクを攻撃したのだった。当時のアメリカはそれほどテロ攻撃を恐れており、9・11の衝撃が心に残るアメリカ国民もブッシュ大統領を支持したのである。

アメリカは爆撃やミサイル攻撃など近代兵器でフセイン政権を倒し、2ヶ月ほどでイラク全土を制圧すると、戦後処置としてイラクの復興に向けた暫定統治を始めた。

政治的には、フセイン政権の与党であるバアス党を解体して、フセイン派残党を徹底的に排除、新たな体制づくりを模索した。また、イラク戦争当初から参戦しているイギリスに加え、各国に派兵を求め「テロとの戦い」を国際的に進めた。日本も自衛隊を派遣して南部サマワで復興支援活動にあたった。

復興支援で、まず手をつけなければならなかったのは治安の回復であった。政府が倒れて警察機能が停滞している中、町には市民による略奪行為が溢れ、商店の食料品から博物館の収蔵品までが奪われていった。

だが、駐留軍はこうした非武装の市民すらうまくコントロールすることができず、この時点ですでに兵士の絶対数が足りないことが取り沙汰され始める。やがて、武装した集団が組織的な略奪・不法行為を行ない、輸送中の援助物資を襲うほか、誘拐や殺人も横行。駐留軍にも死傷者が出る事態となっていったのである。

反米武装勢力の登場

さらに、反米感情の高まりが、事態を深刻化させていった。

転機になったのは、04年4月、バグダッドの西50キロほどにあるファルージャでの戦闘だった。アメリカの民間人4人が殺害されたことから実施された掃討作戦で、イラク民間人を多数巻き込んでしまったのである。加えてちょうど同じ時期に、アメリカ軍兵士がイラク人捕虜を虐待する映像が流出したこともあり、反米感情はうねりを巻くようにイラク全土へと伝播していった。

駐留軍は、各地で銃撃戦や爆弾攻撃を受けるようになり、「戦闘状態」の中で「復興支援」を行なわなくてはならない状態に取り込まれていった。駐留軍の死者の数は拡大し続け、泥沼の様相を呈していく。

□イラク共和国

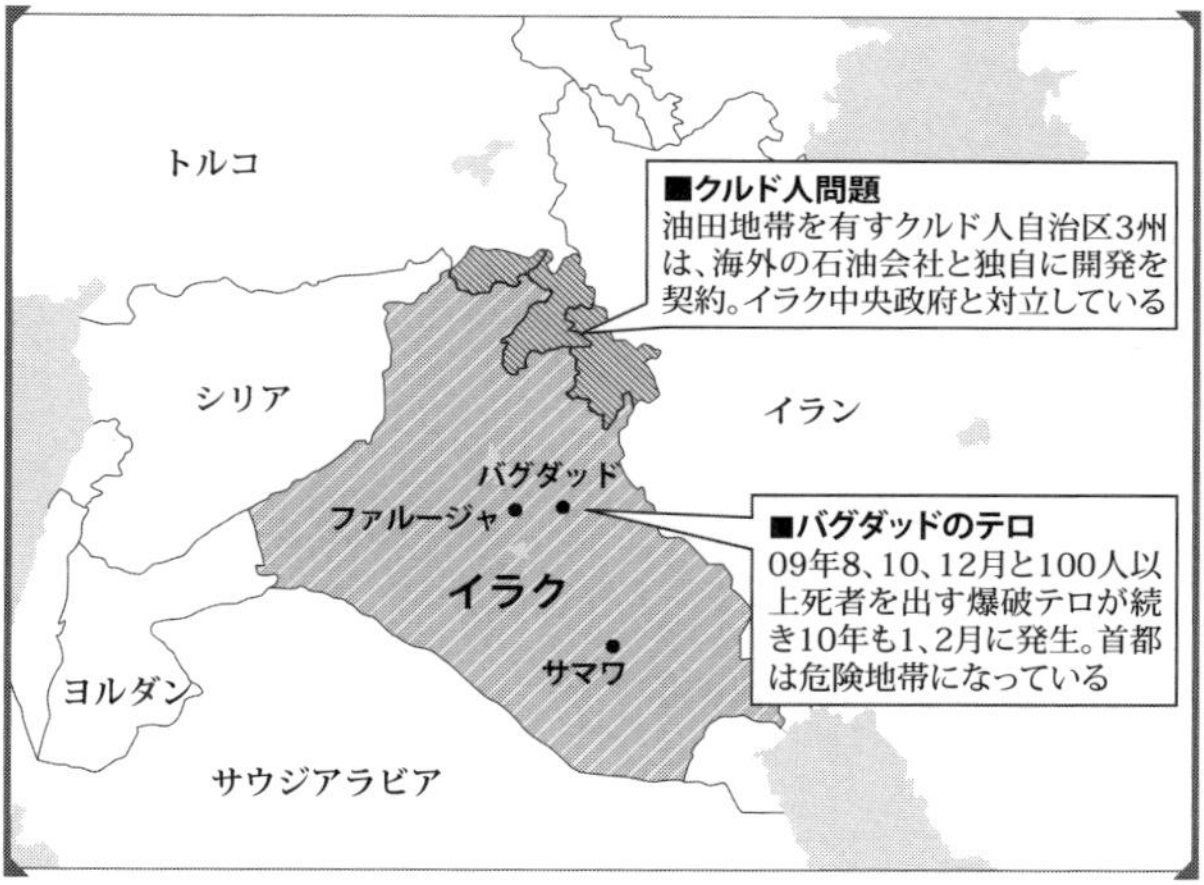
トルコ
■クルド人問題
油田地帯を有すクルド人自治区3州は、海外の石油会社と独自に開発を契約。イラク中央政府と対立している
シリア
イラン
バグダッド
ファルージャ
■バグダッドのテロ
09年8、10、12月と100人以上死者を出す爆破テロが続き10年も1、2月に発生。首都は危険地帯になっている
イラク
サマワ
ヨルダン
サウジアラビア

しかもこの時期、各国の報道関係者やボランティアらが次々と現地で誘拐・殺害されたほか、スペイン本国では列車の爆破テロも発生。いずれも、イラクへの派兵を取りやめるよう要求するものであり、派兵各国の足並みが乱れていった。

また、アメリカが戦争の大義名分とした大量破壊兵器の保有は、いつまでも証明することができず、「実はアメリカはイラクの石油が目当てで戦争を始めたのではないか」と囁かれることになった。イラクは世界3位の石油埋蔵量を誇りながら生産量は10位以下の国である。つまり、開発余地がまだまだ残っており、世界から垂涎《すいぜん》の的として見られる国だったからだ。

スンニ派vsシーア派の抗争

05年1月、フセイン政権崩壊後はじめての国民議会選挙が実施された。だが、これをイスラム教スンニ派がボイコットする。スンニ派はイラク国内では少数派ながら、フセイン政権時代には与党を形成しており、新たな選挙が多数派のシーア派に有利になるのは目に見えていたからだ。結果は大方の予想通りシーア派政党が過半数を占めることになり、マリキ新首相のもとで新生イラク政権がスタートした。

だが、これをスンニ派が気に入るはずがなく、対立関係を深めていった。選挙後すぐのシーア派の祝日にはバグダッド周辺で爆破テロが相次ぎ50人以上が死亡、市場での自爆テロでも100人以上が死亡した。06年2月のシーア派廟《びょう》爆破事件以降は抗争が泥沼化し、報復によりシーア派がスンニ派モスクを襲撃すると200人以上の死者を出してしまった。

もはやイラクは戦場と化し、武装勢力の攻撃が1週間あたり平均600件、死者は民間人だけで月3500人を超えることもあった。イラク人はフセインの専制政治からは逃れたが、宗派の違いによる日常的な殺戮、無秩序の恐怖にあえぐことになったのである。

新生イラクの行方

アメリカをはじめとする駐留軍のめざすところは、復興を進め、なるべく早く撤退し、国づくりをイラク人の手に戻すことである。そのためには、まずイラク人による新政権を発足させ、警察機能や軍隊機能を整えた上で、駐留軍が行なっている治安維持や復興支援活動をイラク側に委譲していくことになる。

06年に、選挙を通じてイラク新政権を発足させたことは、その第一歩となった。だが、宗派対立により治安が悪化したため、駐留期間を延ばす必要が生じてしまった。

07年、こうした事態に対応すべく、アメリカはイラクへの3万人規模の増派を決定した。その結果、一時の混乱もどうにか収まり、08年末までにアメリカ以外の駐留軍はすべて撤退。09年1月に就任したオバマ大統領は、11年末までに段階的にアメリカ軍も撤退することをイラク政府との協議で決定した。

ただし、先の見通しは決して明るくはない。新政府内にも意見の不一致が出てきているほか、スンニ派とシーア派の争いもいつ大きな再燃を迎えるかわからない。また、北部の油田地域に住む少数民族クルド人との間には、潜在的に分離独立問題を抱えている。

しかし、それでもイラクは新しい道を進まなければならず、混乱の中、国際社会の注視を受けることになる。

アフガニスタン・イスラム共和国／アフガニスタン戦争

時代をまたいで受ける米露の二大国からの攻撃

アメリカがアフガニスタンに入ったのが、9・11同時多発テロ直後の2001年10月。首謀者と目されるオサマ・ビンラディンと国際テロ組織アルカイダの掃討をめざしたが、これが難航。ビンラディンを匿うタリバン政権は倒したものの、その残党からゲリラ戦や自爆テロなどを仕掛けられ、アフガニスタンは内戦化してしまう。

09年12月、オバマ大統領はアフガニスタンからの撤退を11年7月までに開始すると表明した。泥沼化する軍事作戦に期限を設け、テロ組織の撲滅に全力を注ぐ構えである。

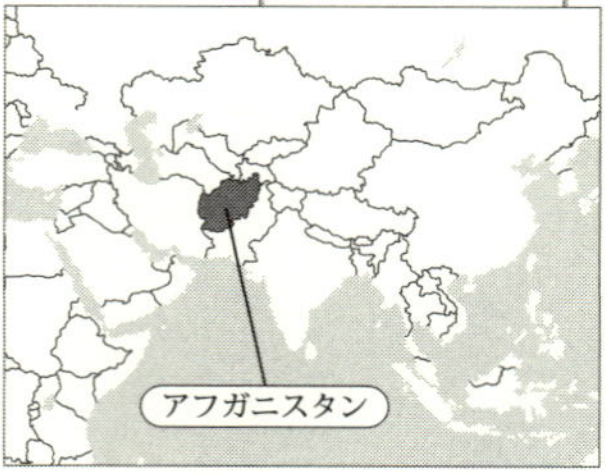

イスラム原理主義タリバン

アフガニスタンでの紛争は1979年、隣国のソ連が侵攻したことにより始まった。アフガニスタンにはその前年に社会主義政権が誕生していたが、アフガニスタン政府軍は反政府運動を続けるムジャヒディン（イスラム聖戦士）の抵抗を抑えられなかったため、ソ連が軍事介入してきたのだった。

圧倒的な軍事力を持つソ連軍に対して、ムジャヒディンたちは山間の多い地形を生かしてゲリラ戦で抵抗した。しかも、同じイスラム国家である隣国パキスタンや東西冷戦中のアメリカから軍事物資や食料が提供されたため、17万人以上のソ連軍と互角以上の戦いを展開した。88年、苦戦を強いられたソ連は国連の介入を受け入れることになり、約10年の戦いの末、何の利益も得られずに撤退していったのである。

しかし、それでアフガニスタンに平和が訪れたわけではなかった。今度はソ連と戦った兵士たちが各地で軍閥として割拠し、勢力争いによる内戦へと突入していったのだ。

そうした混乱期に登場したのが、タリバンである。タリバンはパキスタンの神学生を中心とした勢力で、アフガニスタンの多数派民族と同じパシュトゥーン人が主である。最高指導者のムハンマド・オマル師を中心に厳格なイスラム信仰（イスラム原理主義）を推し進めることで、アフガニスタンの混乱を収めると、内戦に辟易していた民衆の支持を得て社会秩序を回復していった。96年に首都カブールを制圧すると、98年には国土の約9割を掌握。内戦に終止符を打ち、タリバン政権を打ち立てたのである。

以降、タリバン政権は厳しいイスラムの戒律を実施。音楽や映画を禁止し、女性にはベールの着用を強制。従わない者は厳罰を受けた。01年3月にバーミヤンの大仏2体が破壊されたのも、偶像崇拝の禁止を掲げるタリバンの政策によるものだった。

アメリカとの戦い

こうして、アフガニスタンをイスラム原理主義によって取りまとめたタリバンが次に戦うことになったのがアメリカである。

対立のきっかけは、01年の9・11同時多発テロだった。建国以来はじめて本土への攻撃を受けたアメリカは、その首謀者をビンラディンとアルカイダに特定すると、潜伏先と見られるアフガニスタンのタリバン政権に身柄の引き渡しを要求した。だが、タリバンの指導者オマル師がそれを拒否したため、武力衝突に至ったのだ。

アメリカは10月8日にアフガニスタンへの空爆を開始。11月にはタリバン政権を崩壊させたが、ビンラディンの居場所は特定できず、タリバン残党やアルカイダの掃討も達成できなかった。彼らの多くはパキスタン国境を越えてもともとパシュトゥーン人が住む地域

□アフガニスタン・イスラム共和国

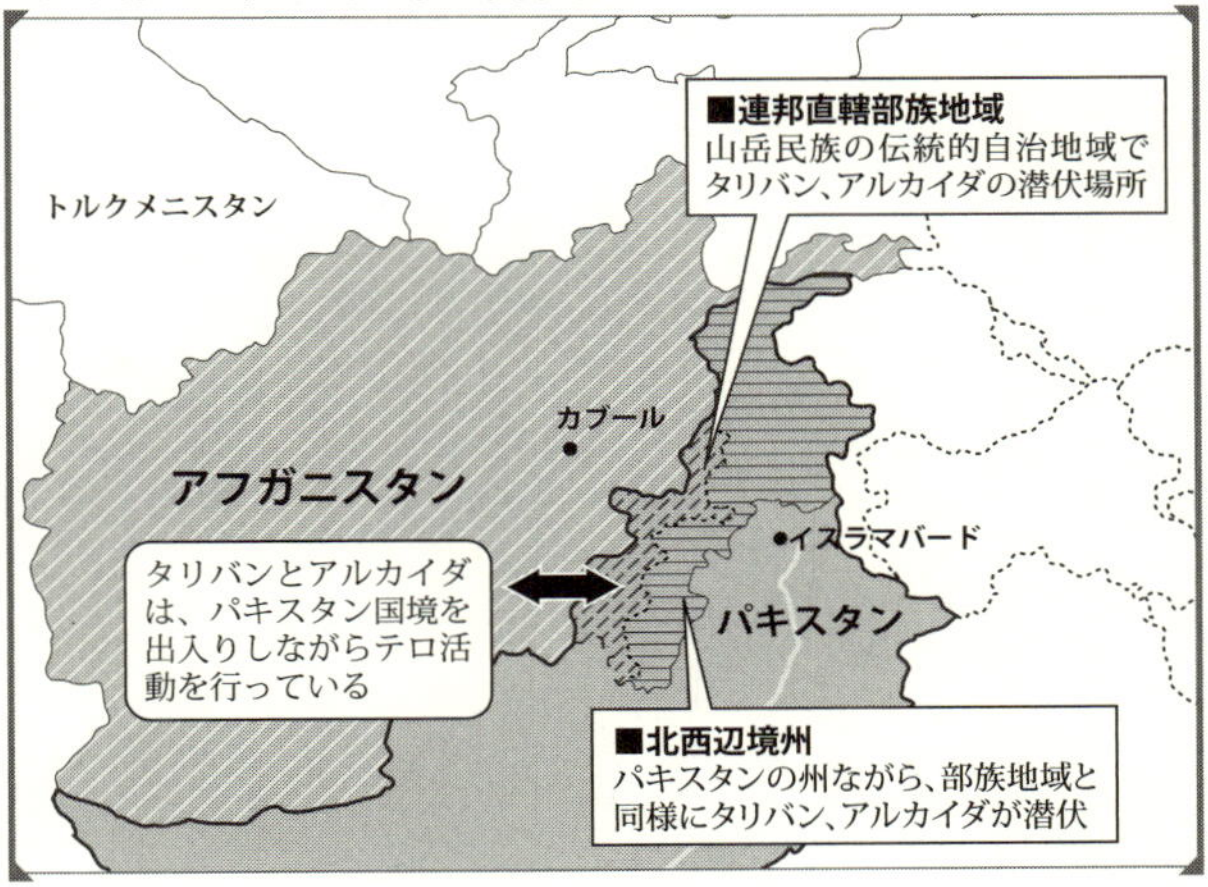

（連邦直轄部族地域）へと逃げ込んだとされる。

そこはパキスタン国内でありながら、歴史的に各部族による統治が行なわれてきたため、中央政府の統治が行き渡っていない地域である。02年、パキスタン軍はアメリカに協力してこの地に進攻しアルカイダと目される武装勢力と戦闘を繰り広げたが、大きな成果をあげられないまま撤退。その時点からアメリカのめざすテロ掃討作戦は、苦難が予想されたのだった。

一方、アフガニスタン国内は国連を中心に復興が進められることとなった。01年12月には暫定政権が樹立され、カルザイが議長に就いた。カルザイは国内の多数派であるパシュトゥーン人の名門ポパルザイ部族長で、国際社会の後押しを受けていた。

ついで04年には初の大統領選挙が実施され、そのカルザイ議長が就任。アフガニスタンは、国の体裁をほぼ整えたように見えた。

タリバンの復興

だが、民主化への道程は決して簡単ではなかった。アフガニスタンはパシュトゥーン人（人口の44％を占める）のほかにタジク人、ハザラ人、ウズベク人が混在するモザイク国家である。主導権をめぐって今度は民族間の争いが起こり、02年にはパシュトゥーン人の副大統領が暗殺。さらに1000を超える武装組織が各地で争い始めると、その混乱の中からいつの間にかタリバンの残党が勢力を回復した。タリバンは05年から南部で自爆テロなどを活発化。ついには内戦に発展していった。

混乱を収束するため、06年には北大西洋条約機構（NATO）を中心とする国際治安支援部隊が全土に配置され、37ヶ国から派遣された3万6000人以上の兵士が治安維持にあたった。日本も「テロ特別措置法」を制定し、インド洋でアメリカ海軍などに洋上給油をする補給艦と自衛官を派遣している。

しかし、こうした兵力の増強に対して反発が起こる。同年8月19日の独立記念日にはタリバンとアメリカ軍が各地で衝突。双方で70人以上が死亡した。首都カブール北部のアメリカ軍基地近くでは、訪問中のチェイニー副大統領を狙ったと見られる自爆テロも起きた。

タリバンの勢力回復には、麻薬の原料であるケシが関係しているといわれている。世界のケシの90％以上はアフガニスタンで栽培されており、干ばつに強く、小麦の約40倍の値段で取引されるケシが資金源となったものだ。ほかにも、誘拐の身代金や中東の反米思想を持つ富裕層からの援助などが資金源となってタリバンは息を吹き返した。アメリカはアルカイダ殲滅の目的に加え、再びタリバンとも戦うことになったのである。

何のための戦いか

09年1月、アメリカではブッシュからオバマへと大統領がかわった。オバマはイラクからの撤退を進める一方で、アフガニスタンを「テロとの戦い」の主戦場と定め、3月に2万1000人の増派を実施した。

計6万8000人となった駐留米軍は、アフガニスタン南部でタリバンの大規模掃討作戦を開始。しかし、その作戦に伴い犠牲者も急増した。アメリカを含む外国人部隊の死者数も数百名規模に及び、これまでにない数となってしまった。アメリカの世論調査では半数の人が「戦う価値がない」と答え、「オバマの戦争」への支持は急落している。

そして09年12月、オバマはさらに3万人を増派し、11年7月にはアメリカ軍の撤退開始をめざすと表明した。兵力増強で短期間に治安回復を実現し、可能な限り早く引き上げようとの狙いだが、さらなる戦費の拡大や撤退完了時期が不明瞭な点については批判も多い。

そもそもアフガニスタンでの戦いは、ビンラディンとアルカイダの掃討が主であり、それを匿ったタリバンとの戦いは副次的なもののはずであった。それがいつしかタリバンとの戦いが大きくなり、アフガニスタンを大きな内戦状態に導き、戦後復興に必要となる規模まで拡大させてしまっている。

アフガニスタン国民の3分の2は1日2ドル以下で生活している貧しい人たちであり、復興の遅れや内戦で出回った武器による犯罪の増加などに苦しんでいる。

アメリカは、最後の戦いを「パキスタンの協力なくしてはできない」としているが、部族地域との関係で簡単ではない。それでも11年7月の撤退開始までにテロ組織を殲滅し、アフガニスタンに新しい国づくりを進める土壌を整えなければならない。

アフガニスタンでの戦況の行方は、オバマ政権の存続を占う指標ともなりそうである。

イラン・イスラム共和国／イラン核問題

核開発を続ける「悪の枢軸」と「世界の警察」の対立

イラク戦争後、アメリカの「次なる標的」といわれてきたのがイランである。今でこそ緊張は和らいできているが、一時、アメリカは核開発を続けるイランに対して「武力行使も辞さず」という強硬な態度で挑み、世界の国々を焦らせた。２００２年にはブッシュ大統領がイランを「悪の枢軸」と名指しして非難している。

暴露された核開発

そもそもアメリカとイラクの関係が悪化したきっかけは、１９７９年に起きたイラン革命である。この革命まで、アメリカを中心とした西側諸国はイランを中東一安定した国と考え、パーレビ王朝を支援していた。だが、王朝が反政府デモにより倒れると、イスラム教のカリスマ的指導者ホメイニ師が政教一致の国家体制への移行を表明。同年11月にはテヘランのアメリカ大使館がイラン人学生に占領されるという事件も発生し、これにより、両国の対立関係がはっきりした。

その後、アメリカは80年にイランとの国交を断絶し、84年にはイランをテロ支援国家に指定するなど、全面対決の様相を呈していった。この対立の中で浮かび上がったのが、核開発問題である。

イランの核開発計画は、パーレビ王朝時代に始まるとされている。イラン革命やイラン・イラク戦争といった混乱の時代には一時中止していたが、95年頃からロシアの援助を受けて本格化させていった。

こうして核開発を進める一方、イランは国際原子力機関（ＩＡＥＡ）から査察の申し出があればそれを受け入れてきた。核施設はＩＡＥＡ規制の枠内のものであり、核開発に繋がるような濃縮ウランは製造していないとアピールしてきたのだ。

しかし02年、イラン国内の反体制勢力によりウラン濃縮計画が暴露され、国際的な非難が高まっていく。するとイランは04年、欧州諸国との交渉の末、すべてのウランとプルトニウム抽出の動きを停止すると宣言した。

□イラン・イスラム共和国

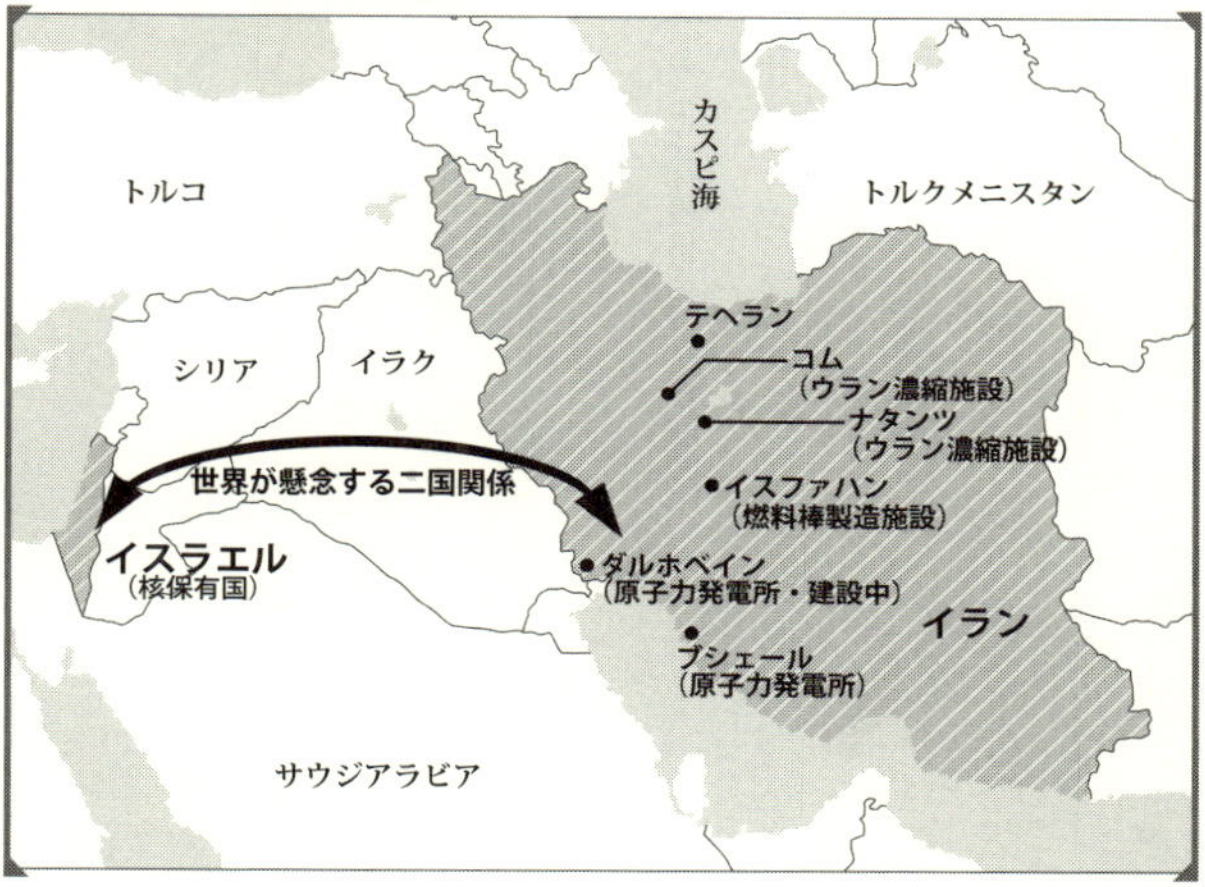

だが、その後も密かに濃縮ウランの生産を継続。06年にはナタンツで「3・5％の低濃縮ウランの製造に成功した」と発表した。ウラン235の濃度は、天然で0・7％、濃度3〜5％で原子炉用、70〜90％で兵器用となるため、3・5％は平和利用と言えなくもないが、国際社会は敏感に反応した。

イスラエルとの関係

では、なぜイランは核開発を進めるのか。イランの核開発には、イスラエルが大きく関係している。

イスラエルは、それまで国家を持たなかったユダヤ人に対し、イギリスをはじめとする西欧列強が協力して建国させた国である。そのため、イランはイスラエルを「占領者」と考え、その存在自体を認めていない。アメリカはそのイスラエルを長年支援し続け、イスラエルが核を開発していることを知りながら事実上黙認してきた。戦力のパワーバランス上、自国が核を持たなければ均等にならない。そう考えるからこそ、イランは核開発を行なうのである。

これまで国連安保理は、三度にわたる制裁決議などでイランにウランの濃縮活動の即時停止を求めてきた。しかし、イランはそのたびに「核開発は平和目的で行なっているに過ぎない」と同じ説明を繰り返している。

次々と建設される核施設

核開発をめぐって対立を続けるアメリカとイランだが、09年に政権に就いたオバマ大統領は、対話路線を強調している。同年6月、オバマ大統領はエジプトのカイロを訪れた際に「世界中のイスラム教徒とアメリカの間に相互の尊厳に基づく新たな始まりを求め、ここにきた」と演説した。この言葉からはブッシュ前政権下でイスラム社会に広がった反米感情をやわらげ、対立の歴史に終止符を打とうとする意思が見てとれる。

加えて、イランに対しても融和的な姿勢を見せた。イラン革命時に政権転覆に加担した非を認めたうえで、「多くの問題について話し合う用意がある」と対話を呼びかけたのだ。

ところが、その演説からわずか3ヶ月後、イランが新たな核施設を建設していることが判明した。テヘランの南160キロほどの山中にある軍事施設でウラン濃縮施設を建設しており、完成すれば爆弾の材料をも製造できるようになるというのである。

イラン側は、この核施設について「IAEAの枠内で行なっている」との説明を繰り返した。これに対し、フランスやイギリスの首脳は制裁の可能性を強く示唆。アメリカほかの判断が注目されることとなった。

そして、国連安保理常任理事国にドイツを加えた関係6ヶ国とイランの協議では、イランに核開発停止への「真剣な対応」を求めながらも制裁の実施は見送られた。アメリカは、以前のブッシュ政権ならば制裁措置に賛同したといわれているが、強硬姿勢を見せず、対話での解決を選んだのである。

だが、10年2月、イランは濃縮度を20%に上げると発表した。これにより核兵器への転用が疑わしくなり、核開発がさらに進むようだと、アメリカとしてもイスラエルとの関係上、無視できなくなった。なによりイスラエルが先制攻撃を仕掛ける懸念もあり、国際社会は、両国の動向を注視する必要に迫られることになったのである。

「神の戦士」による自爆テロ

このように核開発問題でアメリカと対立しているイランだが、国内にも深刻な問題を抱えている。それはシーア派とスンニ派の宗派対立である。先に見たイラク同様、イランでもシーア派が多数派で、政権についているのもシーア派である。

近年、このシーア派の革命体制を敵視するスンニ派武装勢力により、テロが行なわれている。もっとも活発な動きを見せているのが「神の戦士」と呼ばれるグループで、メンバーの多くはパキスタン、アフガニスタンとの国境付近に暮らすスンニ派至上主義のバルチ人が占める。タリバンの影響を受けているともいわれる。

この神の戦士が08年12月と09年5月に警察施設やモスクを狙った自爆テロを起こした。09年10月にも、イランの革命防衛隊幹部を狙った自爆テロを起こしている。

イラン政府は、テロの背後にアメリカやイギリスが潜んでいると主張。現政権をテロによって弱体化させようとしているとして、非難を強めている。

アメリカなどのテロへの関与は真偽不明だが、核問題を含め、反欧米の思想がイランに深く染み付いてしまっている。現在はまだ対話による解決を模索する両国だが、そのムードはどこまで持続できるのか。改善に向けたさらなる外交努力が求められるところである。

イスラエル国／パレスチナ問題

ガザ地区への容赦なき攻撃 イスラエルが進める対ハマス戦略

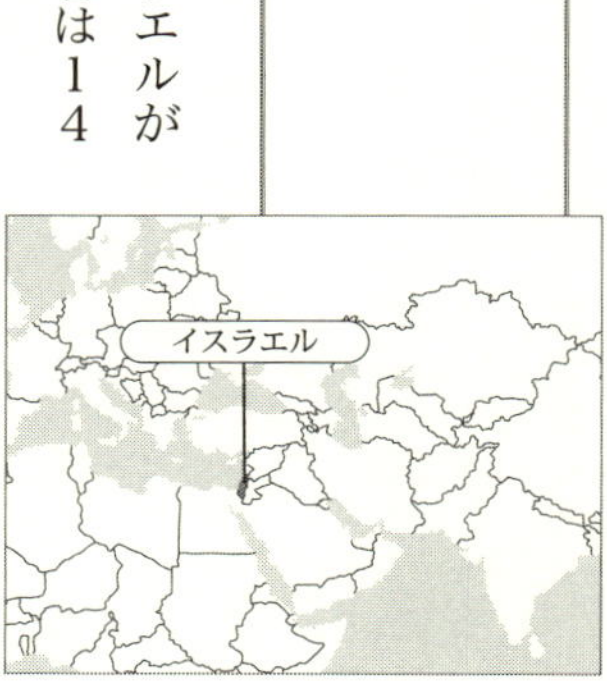

2008年12月から09年1月にかけての22日間、イスラエルがガザ地区への大規模な攻撃を行なった。ガザ地区での死者は1434人にのぼり、これは中東戦争以後最悪の数字である。

パレスチナ情勢がここまで緊迫している原因は、06年、パレスチナ自治政府の政権が従来のファタハからイスラム原理主義政党のハマスに移ったことにある。急進派のハマスはイスラエルを認めておらず、対立が激化。ハマスはガザ地区を支配下に置いていることから、近年のパレスチナの抗争は「イスラエル対ガザ」という構図で進んでいるのである。

イギリス二枚舌外交の罪

イスラエルが建国されたのは、第二次世界大戦後の1947年。紀元70年にローマ軍によって古代ユダヤ王国のあったエルサレムを追われたユダヤ人が、ナチス・ドイツによるホロコーストなどの迫害を受けながら、ようやく手にした悲願の国だった。

だが、建国の裏側にイギリスの無責任な約束があったのは周知のとおりである。イギリスは第一次世界大戦時、在アメリカのユダヤ人実業家から資金を得るためにユダヤ人国家の建国を約束したが、その一方でオスマン・トルコの反乱を押さえ込むためにパレスチナ側ともアラブ人国家の樹立を約束していた。両者の間で、いずれ争いが起きるのは当然のことであったのだ。

事態の収拾に困ったイギリスは、国連に委ねてしまう。結果、パレスチナの57%をユダヤ人に与える決議が採択された。しかし、同地に昔から住むパレスチナ人にすれば、突然「土地を譲れ」と命じられたことになり、とても受け入れることはできなかった。他のアラブ諸国も国連の分割案に反発し、争いは四回にわたる中東戦争へと発展。いずれもイスラエルが軍事力で圧倒したことで、同地での優位性を強めていったのである。

国を追われたパレスチナ人は64年、パレスチナ解放機構（PLO）を結成。議長には、パレスチナ・ゲリラの最大組織ファタハの指導者アラファトが就任し、パレスチナ国家の建設をめざして、イスラエルに対する自爆テロや要人の暗殺などを繰り広げていった。両

□イスラエル国

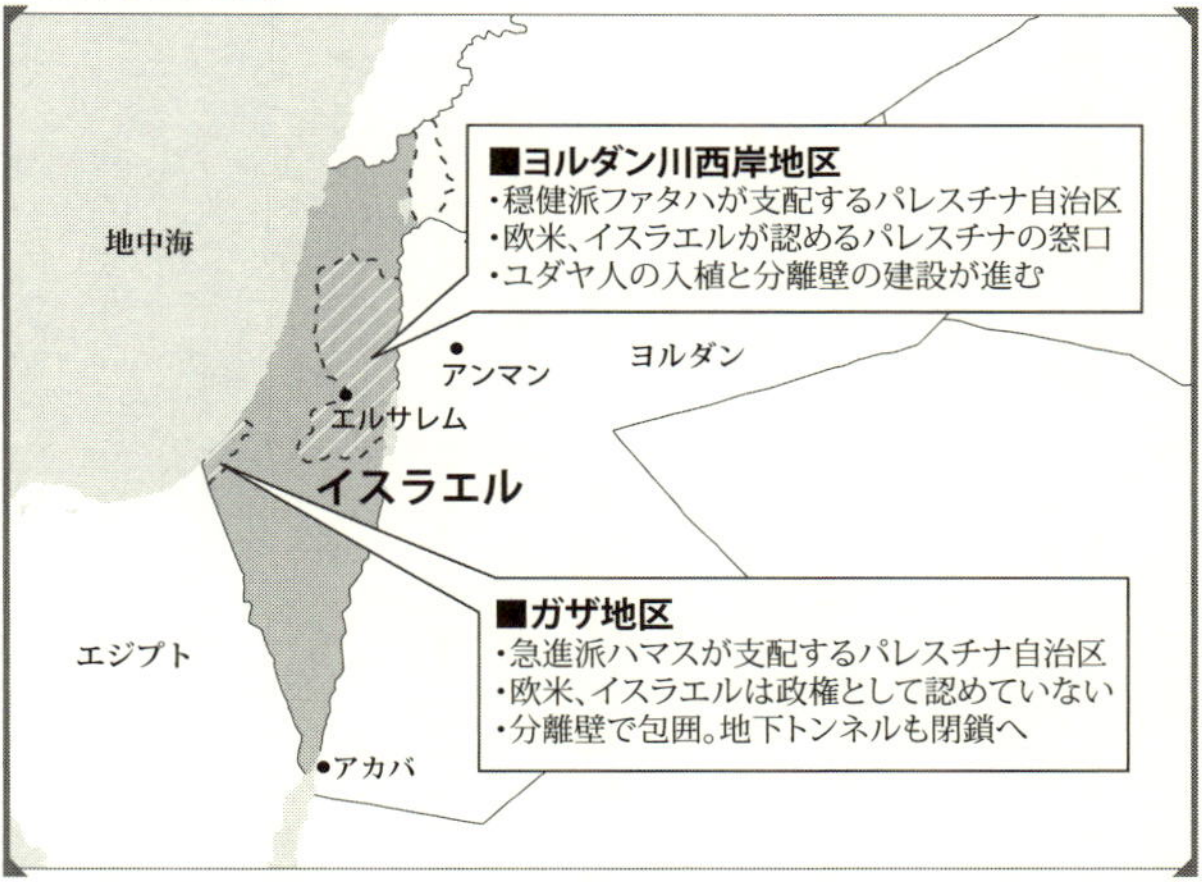
■ヨルダン川西岸地区
・穏健派ファタハが支配するパレスチナ自治区
・欧米、イスラエルが認めるパレスチナの窓口
・ユダヤ人の入植と分離壁の建設が進む
地中海
アンマン
ヨルダン
エルサレム
イスラエル
■ガザ地区
・急進派ハマスが支配するパレスチナ自治区
・欧米、イスラエルは政権として認めていない
・分離壁で包囲。地下トンネルも閉鎖へ
エジプト
アカバ

者の抗争は93年に、アメリカの仲介でアラファトとイスラエル・ラビン首相との和平合意（オスロ合意）がなされるまで続いた。

パレスチナ自治政府の分裂

オスロ合意によって、ＰＬＯはイスラエルの存在を認めること、イスラエルはヨルダン川西岸地区とガザ地区から撤退し、ＰＬＯに自治権を認めることなどが取り決められた。

しかし、双方ともこの内容に不満を抱く者が多く、95年にラビン首相の暗殺事件が発生。そして01年にタカ派のシャロンがイスラエル首相に就任すると、パレスチナとの関係は悪化の一途をたどる。シャロンは、第一次中東戦争後の停戦ライン（グリーンライン）の内部にまでユダヤ人入植地を拡大し、さらにパレスチナ人自治区（ヨルダン川西域とガザ地区）を高い分離壁で囲い込むなど、パレスチナ人の怒りをかう策を相次いで実施したのだ。

一方、パレスチナ側では04年のアラファトの死をきっかけに、急進的組織ハマスが支持を集めていった。ハマスはゲリラ活動を行なうが、医療の提供など福祉部門での活動もあり、貧困層から支持を得ていた。

06年の総選挙で、ハマスはパレスチナ自治政府の第一党となる。問題はハマスがイスラエルの存在を認めていないことだった。そのため、国際社会から経済制裁を課されることになり、特に対イスラエル関係を重視するアメリカはすぐに経済援助の凍結を表明した。

07年、ハマスは欧米諸国（日本含む）が承認しているファタハとの連立内閣を発足する道を選んだが、今度は両者の間で抗争が勃発。その結果、パレスチナはハマスが支配するガザ地区とファタハが勢力を持つヨルダン川西岸地区という形に内部分裂してしまったのである。

封鎖が進むガザ地区

ガザ地区を実効支配するハマスは、イスラエルへの反発を強め、ロケット弾による攻撃を繰り返すようになった。分離壁ができたことで自爆テロなどの戦闘人員をイスラエル側に送り込めなくなったため、ロケット弾を使うようになったのだ。だが、ハマスがロケット弾を発射するたびに、イスラエルはその数倍に及ぶ報復攻撃を行なっている。冒頭で紹介した08年12月からの22日間で死者１４３４人を出した攻撃などはその最たるものである。

現在、ガザ地区は分離壁によって完全に封じ込められてしまい、最低限の物資以外は内部に届かない状況にある。医療品や食料品などの物品も不足しているといわれている。

また、09年12月からは、エジプト国境側に掘られていた密輸トンネルの封鎖も始まった。鋼鉄製の遮断壁が地下深く埋められ、数百本あるとされるトンネルが塞がれてしまった。トンネルはガザ市民の生命線であったが、ハマスへの武器調達ルートになっているとするイスラエルの主張にエジプト側が配慮したものと考えられている。

こうして、イスラエルによるガザ地区への締め付けは厳しくなる一方だが、主要報道機関も閉め出されているため、壁の中の住民１５０万人の生活実態は伝わってこない。

10年1月に予定されていたパレスチナ評議会の選挙は、6月に延期された。果たして、分裂したパレスチナはひとつに戻れるのであろうか。そして、イスラエルとの和平は、いつもたらされるのか。状況は複雑化する一方である。

エジプト・アラブ共和国／イスラム過激派問題

欧米路線を強める政府にイスラム原理主義者の反抗

エジプトはピラミッドなどを擁する世界有数の観光大国だが、この国でもイスラム過激派によるテロが起きている。１９９７年11月、スフィンクスで有名なルクソールで銃の無差別乱射事件が発生し、日本人観光客を含む60人以上が死亡した。05年にはやはり観光客の集うシャルムエルシェイクのホテルや市場で連続爆弾テロが起こり、06年にもリゾート地のダハブで爆弾テロが発生。どちらも数十人の死傷者が出た。

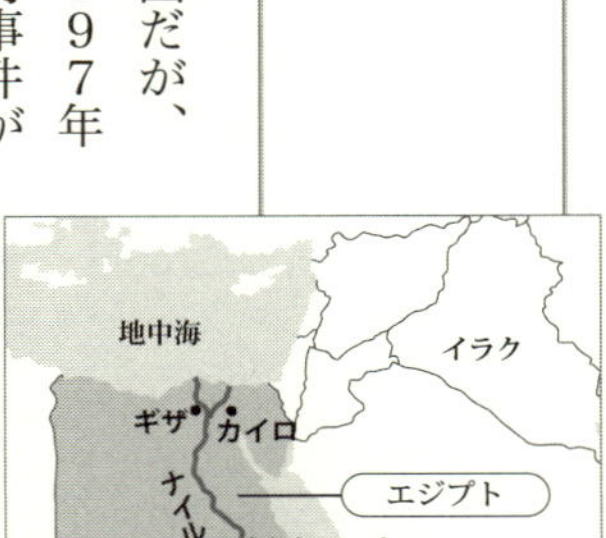

イスラム過激派が狙う国家転覆

エジプトで外国人観光客をターゲットにしたテロが発生するのは、自国の政府を転覆させるためと考えられている。国の主要産業である観光業に打撃を与えれば財政基盤が脆弱になり、政府は安定性を失う。イスラム過激派は、その間隙を突いて欧米と連携を強める政権を打倒し、厳格なイスラムの教えに基づく社会を実現させようとしているのである。

現在、エジプトでは81年に就任したムバラク大統領が25年以上の長期政権を続けている。治安対策の強化でテロの数は少なくなったが、過激派壊滅までには至っていないのが現状だ。

04年10月にはイスラエルとの国境付近のリゾート地、タバのホテルで数百キロの爆弾を積んだトラックが爆発し、イスラエル人観光客19人を含む31人が死亡した。これは、イスラエル人に対するテロと見られており、イスラム原理主義、反イスラエルを唱える過激派の潮流はまだ止みそうにない。

そんな中、10年秋には5年ぶりの総選挙が行なわれる。エジプトでは近年、イスラム原理主義組織「ムスリム同胞団」が躍進しており、実質上の野党第一党になっている。「実質上」としたのは、エジプトでは宗教政党を禁止しているので無所属として立候補しているためだ。05年の選挙では454議席中88議席を獲得する人気を見せた。

ムスリム同胞団は、イスラム法に基づく国家建設をめざしている。そのため、異教徒への弾圧に繋がる可能性があり、選挙の動向が注目されている。

イエメン共和国／過激派の温床疑惑

アルカイダ系組織が暗躍するテロリストの隠れ家

近い将来、中東のイエメンが大紛争の舞台になるかもしれない。

2009年末、アメリカ・デトロイト空港に向かうデルタ航空機内で、ナイジェリア出身の男が爆弾を起爆させようとするテロ未遂事件が起きた。当局の取り調べにより、男はイエメンでテロ組織「アラビア半島のアルカイダ」から軍事訓練を受けていたことが判明。同組織も犯行声明を出したため、イエメンが対テロ戦争の最前線として注目されることになったのである。

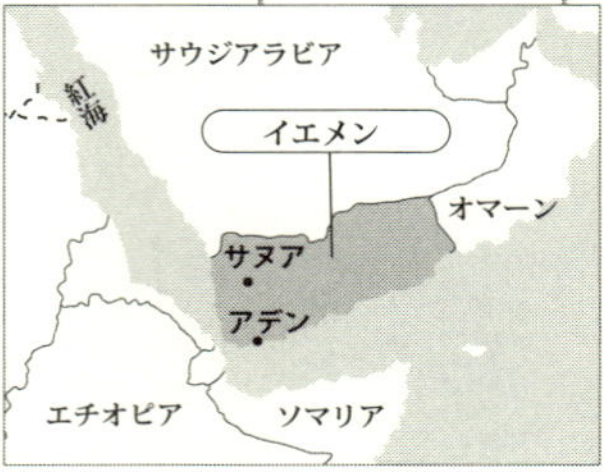

第二のアフガニスタンになる可能性

イエメンは「モカ」などコーヒー豆の生産地として有名だが、他の中東諸国に比べると石油産出量は少なく、1日2ドル未満で暮らす人々が国民の約半数を占める貧困国である。

また、南北で反政府勢力が活動しているため中央政府の基盤が脆弱で、極めて不安定な政情が続いている。

こうしたイエメンの国内情勢が隣国のサウジアラビアや対岸のソマリアから多くの過激派を引き寄せ、テロの温床になっているとの報告がある。

事実、アルカイダの指導者オサマ・ビンラディンの父親はこの国の出身であり、98年のケニア、タンザニアのアメリカ大使館爆破テロ、00年のアデン港でのアメリカ駆逐艦爆破テロでもイエメンが重要な役割を果たした。さらに、アメリカが管理するキューバ・グアンタナモ収容所の囚人の約半数はイエメン人とされている。

テロ組織の温床化について国際的な非難を受けたイエメン政府は、過激派の掃討に力を注ぐ姿勢を見せているが、その成果はおぼつかない状態だ。イエメンの武装勢力はソマリアの武装勢力との協力体制を強めているとの指摘もあり、イエメン政府の一歩も二歩も先を行っている感がある。

状況によってはイエメンが「第二のアフガニスタン」になる可能性もあることから、アメリカのオバマ政権やイギリスはイエメン政府への軍事援助を申し出ている。今後、国際社会を巻き込んで、この国での対テロ防衛策が強化されていくかもしれない状況にある。

第四章　ヨーロッパの紛争

コソボ共和国／コソボ紛争

バルカン半島に残された最後の民族対立

冷戦構造の崩壊に伴い、旧ユーゴスラビア連邦の構成国では、独立をめぐる多くの内戦が行なわれた。現在は、最初に独立を宣言したクロアチアとスロベニアはEU加盟国となり、最激戦となったボスニア内戦も1995年に停戦合意がなされ、いずれも安定へと向かっている。

しかし、未だに混乱が続いている地域がある。旧ユーゴを主導したセルビアに隣接するコソボ自治州である。コソボは2008年2月に独立を宣言したものの、多数派のアルバニア系住民と少数派のセルビア系住民の対立が今なお続いている。

セルビア人に虐げられるアルバニア人

コソボ自治州の民族構成は、イスラム教徒のアルバニア系住民が9割以上、残りの1割以下がセルビア正教徒（キリスト教の一派）のセルビア系住民となっている。それにもかかわらず、コソボは第二次世界大戦後、バルカン半島にユーゴスラビア連邦が形成された際に、セルビアに組み込まれてしまった。コソボの苦難はこの時から始まったといえる。

それでも、カリスマ的な指導者チトーが大統領だった時代には、コソボにも広範な自治権が与えられていた。だが、大セルビア主義を掲げるミロシェビッチがセルビアの権力を握ると、事態は大きく変化した。ミロシェビッチは、89年に憲法を修正してコソボの自治権を大幅に縮小、アルバニア語による教育や放送も禁じた。また、アルバニア系住民を官庁から追放して、セルビア系住民を要職に就けるという措置を取ったのである。

こうしたミロシェビッチのやり方に不満を抱いたアルバニア系住民は、「コソボ共和国」を樹立して憲法を制定するなど、セルビアからの分離独立運動を展開する。さらに96年頃からコソボ解放軍を中心に武力闘争を開始。ユーゴ連邦軍及びセルビア治安部隊との対立を深めていったが、戦力的に太刀打ちできず、1万人以上のアルバニア系住民が虐殺されることになってしまった。

セルビアがコソボに固執する理由は、セルビア人の歴史・宗教観が大きく関係している。セルビア人はコソボを「中世セルビア王国発祥の地」「セルビア正教の聖地」と見なしており、多くのセルビア人はこの地を「父祖の地」あるいは「魂のふるさと」と呼ぶ。大セルビア主義者のミロシェビッチが、そう易々と手放すはずがなかったのである。

ミロシェビッチの大罪

セルビア人とアルバニア系住民の武力衝突は激化の一途をたどった。そのため、アメリカ、イギリス、フランス、ドイツ、ロシアの5ヶ国が調停に入るが、ミロシェビッチは和平案を拒否する。その結果、99年3月、北大西洋条約機構（NATO）軍によるセルビア空爆が行なわれることとなった。追い詰められたミロシェビッチは同年6月に和平案を受諾。ユーゴ連邦軍とセルビア治安部隊がコソボから撤退し、武力紛争は終結した。

その後、コソボは国連の暫定統治下に置かれ、90万人ものアルバニア系難民の帰還が始まった。だが、混乱は収まらない。今度はアルバニア系住民が報復を行ない、25万人以上のセルビア系住民がセルビア本国へ避難する事態に追い込まれたのである。

ミロシェビッチは2000年の大統領選挙を機に政権を追われ、01年に職権濫用などの容疑で逮捕、収監された。旧ユーゴ国際戦犯法廷では、コソボでの大量虐殺や人道に対する罪が裁かれたが、判決がくだる前に心臓発作で死去した。

□コソボ共和国

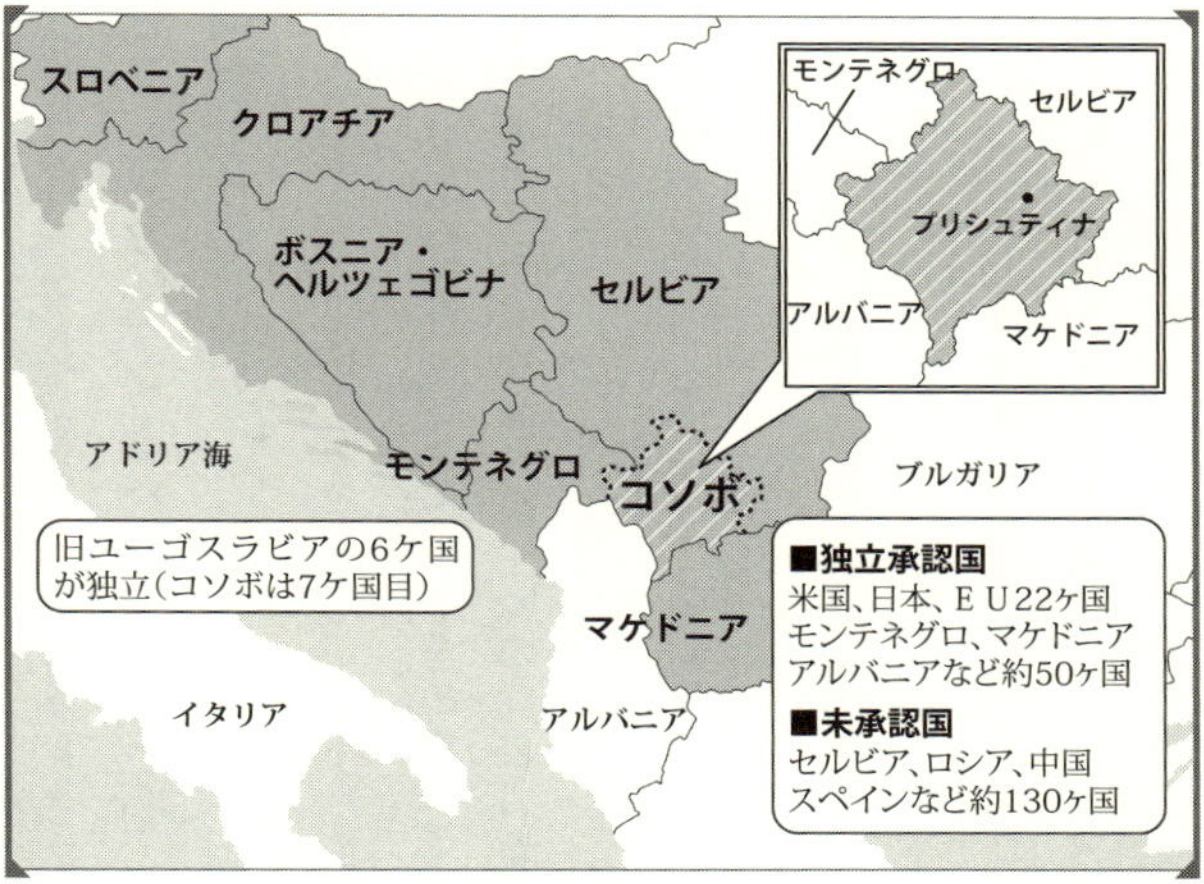

国際社会の承認を得られない独立国

08年2月、こうした事態を経て、アルバニア系住民はついにコソボの独立を宣言した。しかし、約5割に達する失業率の解消、治安維持、司法の整備など課題は山積みだ。しかも、独立を承認したのは国連加盟国のうち約3割に過ぎず、自国内の民族問題を刺激したくないロシアや中国、スペインなどの承認は得られていないため、十分な支援は期待できない。

また、コソボからの独立をめざす北部のセルビア系住民とアルバニア系住民の対立が武力衝突に発展する恐れもある。

コソボ情勢は、まだまだ予断を許さない状況にある。

北アイルランド／北アイルランド紛争

プロテスタントに虐げられたカトリックの反抗

イギリス領の北アイルランドをめぐっては、アイルランドへの帰属を求めるカトリック系住民の武装活動が続いている。２００９年３月にはカトリック過激派「真のＩＲＡ（アイルランド共和軍）」によりイギリス兵６人が殺傷される事件が起こり、紛争の激化が懸念されている。

アイルランドに残されたイギリスの植民地

アイルランドは、もともとケルト人が暮らす国だった。彼らはゲール語という独自の言語を話し、カトリックを信仰していた。しかし、12世紀半ばにイングランドの侵攻が始まり植民地になると、16世紀以降にプロテスタント系のイングランド人が数多く流入。政府はケルト人よりもイングランド人を優遇したため対立が深まり、これが今に続く北アイル

□北アイルランド

ランド紛争の始まりとなるのである。

その後、カトリック系住民は政治・経済的な差別を受けながらも耐え、１９２１年には自治権を回復。第二次世界大戦後の49年にはイギリス連邦から離脱し、アイルランド共和国を樹立した。しかし、この時、北東部６州(現北アイルランド)では、カトリック系住民よりも移住してきたプロテスタント系住民のほうが多くなっていたため、アイルランド本国との統一は見送られた。

当然ながら北アイルランドのカトリック系住民は不満を募らせ、そうした中でアイルランドへの帰属を求めるシン・フェイン党が結成され、過激派組織ＩＲＡの武装闘争へと発展していった。

そして72年、イギリス軍がカトリック系住民のデモ隊14人を死亡させる「血の日曜日事件」が発生。これを機にイギリスが北アイルランド政府から自治権を取り上げると、IRAはテロ活動を激化。闘争はグレートブリテン島にも及び、ロンドンの金融街「シティ」や商店街、ターミナル駅などで次々と爆弾テロが展開されたのである。

新たな武装勢力「真のIRA」の登場

イギリス政府は当初、武力によってIRAを押さえ込もうとしていたが、90年代に入ると対話路線へと変更。98年にはブレア首相の調停によって和平が実現（ベルファスト合意）し、北アイルランドに再び自治権が与えられることになった。

しかし、IRAは内部分裂を起こす。主流派が武力闘争の放棄を宣言する一方、100〜200人の不満分子は分派して過激化したのだ。「真のIRA」はそのうちの一派で、98年8月にオマーの繁華街で爆弾テロを実施し、紛争史上最悪の29人を死に至らしめた。

2001年に指導者のマイケル・マクケビットが逮捕されてからも、同組織は独立のために武装闘争を続けると表明している。イギリス政府が進める和平プロセスの実現には、まだまだ時間がかかりそうである。

スペイン／バスク紛争

独立を求めて繰り返されるバスク人のテロ活動

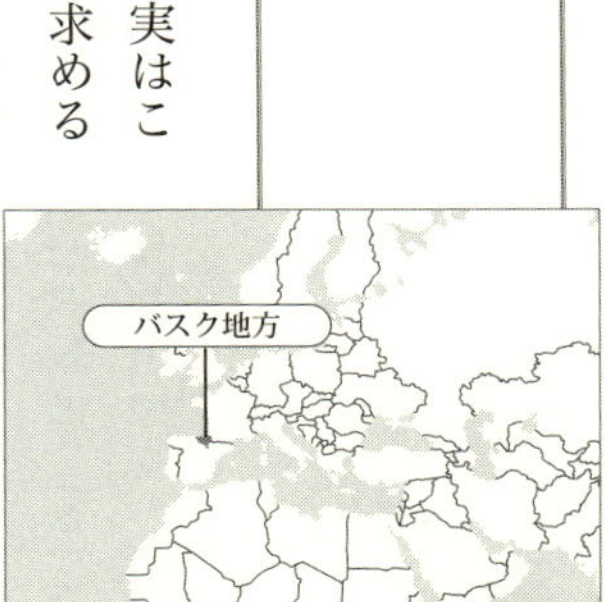

一見、平和で安定しているように見えるスペインだが、実はこの国にも不安定要素がある。それは、バスク地方の独立を求めるＥＴＡ（バスク祖国と自由）である。

ＥＴＡは２００９年7月29日、スペイン北部ブルゴスの治安警備隊宿舎前で自動車に爆弾を仕掛け、60人以上を負傷させた。さらに翌日にも夏の観光客でにぎわう地中海のマジョルカ島に自動車爆弾を仕掛け、警備隊員２人を負傷させた。このように、スペインではＥＴＡによるテロ活動の激化が懸念されている。

独立心旺盛なバスク人

バスク地方とはピレネー山脈の西端、スペインとフランス両国にまたがる地域をさし、現在は約300万人のバスク人が暮らしている。そもそもスペインは各地域ごとに分権傾向が強く、バスクでも一定の自治を認められている。しかし、バスク人は、「孤立した言語」と呼ばれるバスク語を使用し、また、豊富な天然資源を背景に経済的な自立が早かったことなどから、ひときわ強い独立心を持ったとされている。歴史的に見ても、これまで3世紀にわたって独立運動を繰り広げてきたのである。

そうした運動の結果、バスク人は1936年には自治政府を樹立させた。だが、同年にスペイン内戦が勃発し、ナチスと手を組んだフランコ将軍により、すぐに崩壊に追い込まれてしまう。その後もフランコ独裁政府のもとでバスク語の使用を禁じられるなど、バスクの独自性そのものを否定される激しい弾圧を受けたことで民族主義が過激化していった。その中で、スペインから独立するには武装闘争も辞さずというグループが出現し、59年、ETAの誕生へと至ったのである。

反独立政権が誕生するもテロ再燃

ETAはスペイン警察や司法関係者、政治家、官僚をターゲットに暗殺や爆弾テロを行ない、これまでに約800人もの人々を死亡させている。01年には3回にわたってスペイ

□スペイン／バスク地方

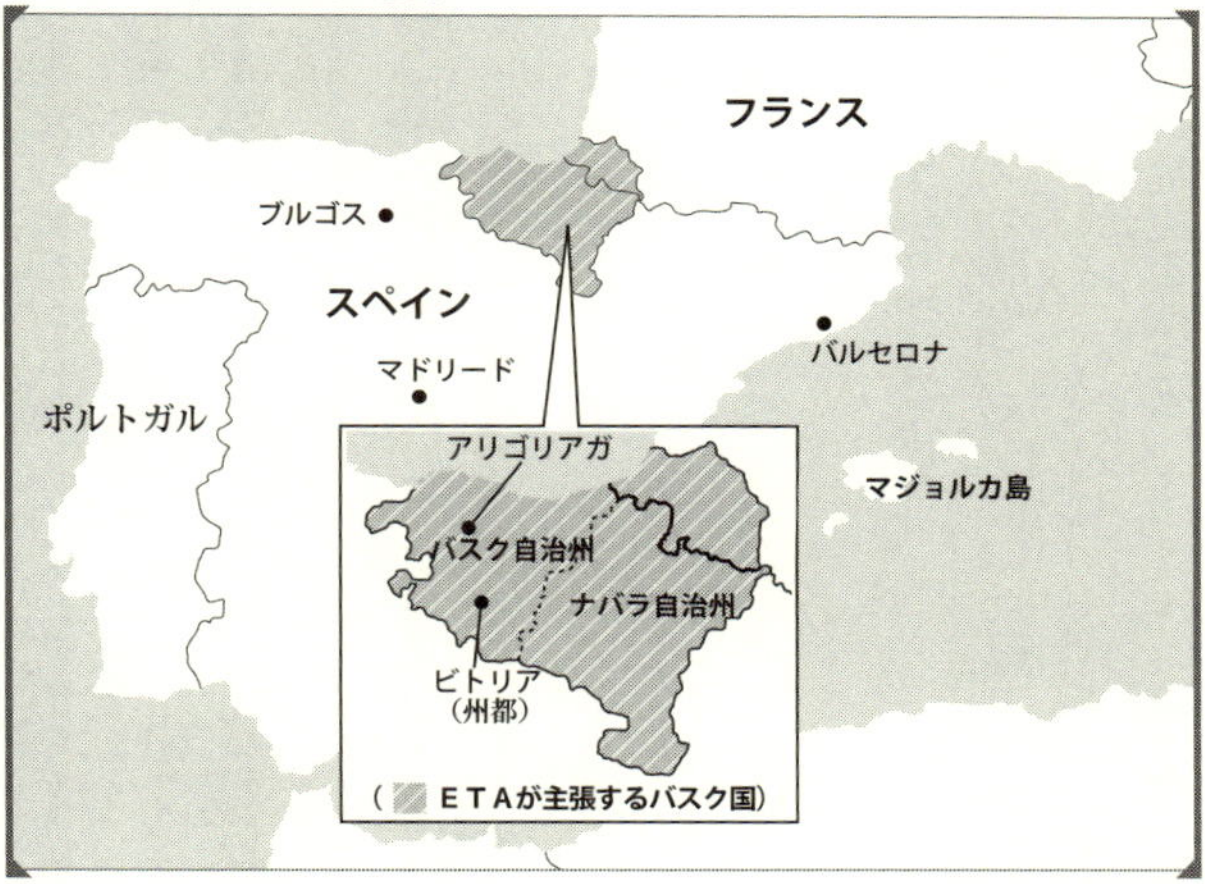

ン首相の暗殺を計画。さらに04年にサパテロ政権が樹立されると、停戦を宣言しながらも繰り返しテロを行ない、多くの一般市民を恐怖に陥れた。

その後、ＥＴＡの指導者が相次いで逮捕され、バスク自治州で史上初の非民族主義・反独立派の政権が誕生したことによって、ＥＴＡの組織は弱体化してもいる。09年7月には幹部のひとりが獄中から暴力放棄を呼びかけるなど、ＥＴＡは長老たちを中心に和平路線への転換を進めていると見られている。

しかし、一方で強硬派の存在もある。冒頭のように、和平に反発するメンバーは09年にもテロを再開させており、さらなる激化が懸念されている。

キプロス共和国／キプロス紛争

地中海の小島で起こったトルコとギリシャの代理戦争

地中海に浮かぶキプロス島は南北に分断されている。北はトルコ系が主流の北キプロス・トルコ共和国で、南はギリシャ系のキプロス共和国。どちらもニコシアを首都にするが、街の境界には高さ4メートルの壁がつくられ、自由な往来はできない。両国をわける緩衝地帯には、今も両地区の住民の衝突を防ぐために国連平和維持軍が駐留している。

ギリシャとトルコの介入

キプロスの歴史は紀元前13世紀までさかのぼることができる。オリエント世界の交易の中心地だったキプロスには、まずギリシャ人が移り住んだ。その後、1571年のオスマン帝国の征服を機に多くのトルコ人が移住してきた。ここに、ギリシャ人とトルコ人とい

□キプロス共和国

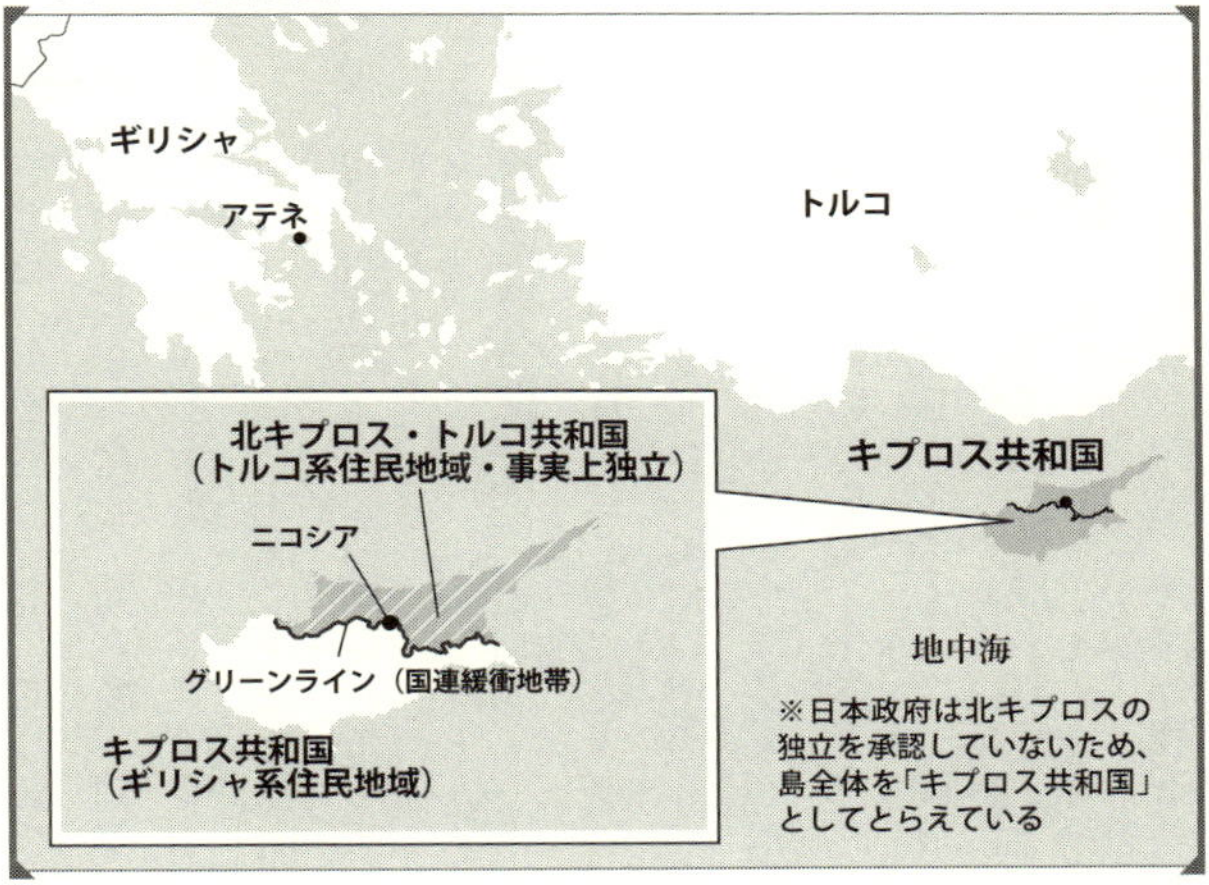

うふたつの民族が同居することになり、後々の紛争に発展していくのである。

きっかけは、1830年にギリシャ本土がトルコから独立を果たしたことだった。この時、キプロスではギリシャとの合併をめざす「エノシス運動」が盛り上がった。これは、キプロスがもともとギリシャに属する島だという考えに基づくものである。

第一次世界大戦後、トルコにかわってイギリスが支配者となると、ギリシャ系住民が再びエノシス運動を推進し始める。反英闘争とともにトルコ系住民へのテロ活動も激化して紛争になると、ギリシャ、トルコ両国も介入する事態となった。これを見たイギリスは1960年、島をキプロス共和国として独立させることを承認。支配権を放棄してしまった。

だが、争いは収まらない。独立後、63年にギリシャ系の大統領がトルコ系住民の権利を制限したため内戦へと発展。また、74年にはギリシャで起こった軍事クーデターをきっかけに、トルコがトルコ系住民の保護を理由に軍を派遣。そのままキプロス北部を占領したことで、島は現在のように分断されてしまったのである。

南北格差で困難な再統合

その後、トルコ系住民は83年に北キプロス・トルコ共和国の樹立を宣言したが、同国を承認しているのはトルコ一国だけである。しかも南部のキプロス共和国が観光業を振興してひとりあたりの国民総生産でギリシャ本国を上回るまでに成長したのに対し、北キプロスの国民総生産はその5分の1未満。南北には大きな格差が生まれてしまった。

2004年には国連主導のもとで「南北再統合案」が出され、両地域で国民投票が行なわれた。しかし、経済的に豊かでEU加盟も果たしたキプロス共和国では7割以上の人々が反対。再統合交渉は停滞している。経済問題を解決したとしても、ギリシャ系住民とトルコ系住民の対立は根深く、共存できるか否かは不透明である。

第五章　アフリカ及び南米の紛争

ソマリア民主共和国／ソマリア内戦＆海賊問題

内戦と海賊が渦巻く無政府状態が続く「国」

アフリカでは内戦や虐殺、難民の流出といった問題が止めどなく発生している。その中で今もっとも世界が注視しているのが、大陸東端に位置するソマリアの情勢だ。

長年続いた内戦の結果、ソマリアは事実上の無政府状態になり、もはや国としての体をなしていない。国連がＰＫＯ部隊を派遣したものの成果はあがらず、近年は混乱する内政に乗じた海賊事件が頻発。ソマリアは無法地帯と化してしまっている。

氏族集団の主導権争いが内戦の原因に

紛争の多くは複数の民族同士、異なる宗教同士の争いが火種となる。しかし、ソマリア内戦は違った。スンニ派イスラム教徒のソマリ族が全人口の98％を占めるソマリ族の国でありながら、激しい武力抗争が生じたのである。それはなぜなのか。

ソマリアが独立を果たしたのは１９６０年。北部をイギリス、南部をイタリアが植民地化していたのがひとつになり独立したものだった。国内に混乱が生じるのは68年、バーレ将軍がクーデターで大統領に就任したことがきっかけだった。

先に述べたように、ソマリアはソマリ族の国である。だが、ソマリ族はダロッド、イサック、ハウィエなど大きく15程度、細かくは５００以上の氏族集団にわかれており、植民地となる以前は氏族単位で生活していた。各氏族の結びつきは強く、均衡を保つのは非常に難しい。ところがバーレはそのバランスを無視して自分の氏族に重要なポストを与えるなど偏った政治を行なったため、反政府勢力がいくつも現れることとなった。

91年、そうした反政府勢力のひとつ統一ソマリア会議（ＵＳＣ）が首都モガディシュを占拠したことで、バーレ政権は崩壊。そして、これを機に各地の氏族が武力抗争を展開し、ソマリアは内戦状態に突入していったのである。

なお、この時、旧イギリス領にあたるソマリランド（ソマリア北部）が一方的に独立を宣言。98年にはプントランド（ソマリア北東部）も自治政府を樹立し、ソマリア国内は分断。以降、内戦は南西部を中心に激しさを増していくことになる。

役に立たなかったPKO

内戦で揺れるソマリアをさらに悲劇的な状況が襲う。91年からの混乱期に大干ばつが発生し、国外難民が100万人、餓死者は200万人という異常事態へと陥ったのである。こうした状況に、92年には国連が動く。アメリカを中心とする多国籍軍が国連平和維持活動（PKO）の一環として派遣され、内戦終結と食料補給に努めることとなった。

だが、各地域で支配権を確保したい武装勢力が、激しい抵抗を見せる。特にUSCから派生したアイディード将軍派は重武装を施し、首都モガディシュなどでアメリカ軍と戦闘を繰り広げた。93年10月、そんな中で起きたのが、アイディード派によるアメリカ軍のヘリコプター・ブラックホークの撃墜と、その乗組員の遺体を蔑《ないがし》ろにする映像を世界に公開する事件だった。これによってソマリアは国際社会からも見離されてしまう。痛ましい映像にアメリカの世論は一気に撤退へと傾き、国連も95年3月に介入中止を決定したのだ。当時のソマリアの状況は映画『ブラックホーク・ダウン』に描かれている。

イスラム過激派が集結

その後、2004年に周辺国の仲介でケニアにおいて暫定政府が発足。翌年ソマリア国

□ソマリア民主共和国

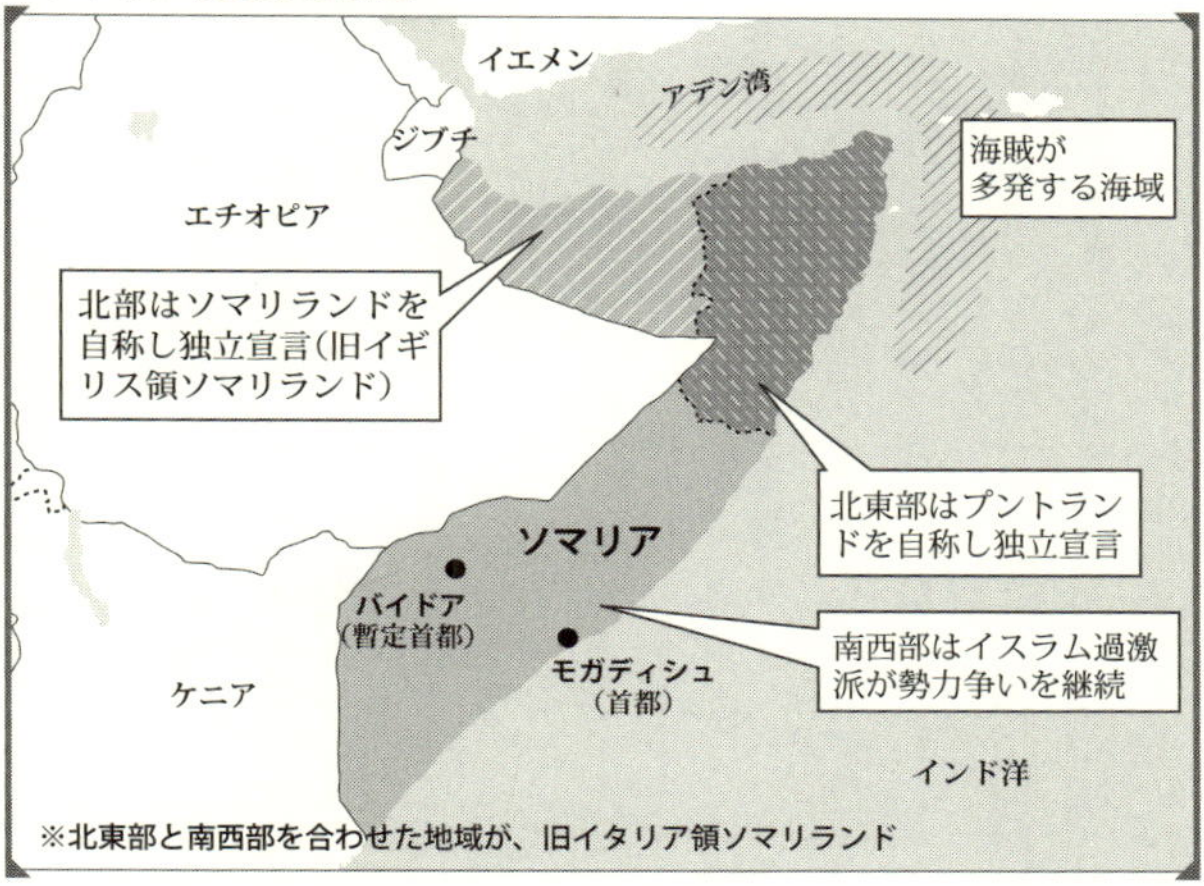

内に移った新政府は、バイドアを暫定首都とした。しかし、全土を統治する力はなく、06年には過激派のイスラム法廷連合（のちのイスラム法廷会議）に中南部地域をほぼ制圧されてしまう。暫定政府はこれを駆逐するのに隣国エチオピアに軍事介入を要請しなければならないような状態であった。

結局、エチオピア軍は09年1月まで駐留し、その後は、アフリカ連合や国際支援に頼りながら立て直しを図ることになった。だが、エチオピア軍撤退直後の1月、ソマリア暫定政府はアル・ジャバーブなどのイスラム過激派組織に再び中西部を制圧され、「国」としての機能回復はまたしても遠のいてしまった。

10年1月現在、日本政府は全土の統治に至っていない暫定政府を政府承認しておらず、ソマリアでは91年のバーレ政権崩壊以降、事実上の無政府状態が続いている。

このように内戦が収まらない原因は、貧困の蔓延が大きく関係している。ソマリアにはまともな仕事がなく、そのため、仲間になることで生活を保障してくれる過激派組織が若者の「就職先」になっている現実がある。

さらに、混乱に乗じて国外からテロリストや民兵が流入しているとの報告もある。対岸のイエメンで活動する武装集団がソマリア国内の反政府組織と結びついている点も取り沙汰されており、テロ組織の拠点となった国土はますます統治が難しくなっているものだ。

海賊が横行する恐怖の海域

文字通り無法地帯と化したソマリアだが、この国にはもうひとつ、海賊の横行という大きな問題が存在する。国際海事局によると、ソマリア沖、特に同国北部アデン湾は海賊被害の多発地帯で、08年にこれら海域で海賊に襲われた船舶は111隻。ソマリア沖は石油タンカーや貨物船の往来がさかんな海域だけに、世界経済に与える被害も小さくない。

もともとソマリア沖を含む東アフリカから東南アジアまでの地域では、海賊が伝統的な職業として成り立っていた。海賊は一種の政治勢力として住民を守ったり、稼いだ一部を地元の貧しい病院や学校に寄付したりしたため、「ロビンフッド」と称されたこともあった。

しかし、海賊行為により手軽に巨額な金銭を手にできるとわかると、モラルは低下していった。今では1隻100万ドルともいわれる身代金で、金儲けをすることが海賊の目的となってしまっている。09年10月、中国貨物船が海賊に乗っ取られた際には、「海賊側は400万ドル（約4億円）の身代金を受け取った」と報じられたほどだ。

では、なぜ最近になって海賊が増えたのか。その理由としては90年代以降、外国漁船の違法操業により地元漁業が痛手を負ったことがあげられる。また、04年のスマトラ沖大地震で漁村が被害を受けたことも海賊の増加に拍車をかけた。眼前の海を往来する船舶は年間2万隻。貧しさに耐えかねた漁師たちは、獲物を魚から外国船へとかえたのだ。

現在、ソマリアには3000人もの海賊がいるといわれている。内戦によって国内には武器が溢れており、自動小銃、バズーカ砲、携帯型ロケット砲などが簡単に手に入る。アルカイダが、海賊が得た身代金を利用しているとの見方もあり、事態は深刻さを増すばかりである。

南アフリカ共和国／治安悪化問題

アパルトヘイト撤廃後に犯罪率が急上昇した理由

２０１０年６月、南アフリカでサッカーワールドカップ（Ｗ杯）が開催される。アフリカ大陸で初の大会には、多くの外国人が訪れるであろうが、この国もまた混乱の中にある。

南アフリカは金やダイヤモンド、レアメタルなどの資源を武器にアフリカきっての経済大国となったが、治安が著しく悪化しており一日平均約50件の殺人事件を記録するほどの犯罪大国にもなってしまっている。公式の統計によると、07〜08年の間に婦女暴行事件３万６１９０件、自動車乗っ取り事件１万４２０１件が報告されているのである。

アパルトヘイト政策

南アフリカは「アパルトヘイト」と呼ばれる人種隔離政策を行なった国として知られて

いる。この政策と現在の治安の悪さは決して無関係ではない。実は、治安が著しく悪化し始めたのはアパルトヘイト撤廃後のことなのである。

そもそもアパルトヘイトとは、南アフリカの全人口の16％を占める白人が、84％の非白人を差別した政策で、南アフリカ連邦の初代首相Ｌ・ボータが１９１１年に制定した人種差別法「鉱山・労働法」にルーツがある。

この法律で白人の鉱山労働者を黒人との競合から保護した南アフリカ政府は、次第に差別内容を強化していき、第二次世界大戦後には本格的な人種差別政策を制定。「黒人は国土の14％の土地に分離する」「参政権を剝奪する」「公共施設は白人用と非白人用に区別する」「人種の違う男女が結婚することを禁じる」など、政治、経済、社会の全分野にわたり、さまざまな差別法を成立させた。

南アフリカは国際社会の非難や経済制裁を受けながらもアパルトヘイトを継続し、その間、非白人たちは苦渋に満ちた生活を強いられた。しかし、89年にボータが病に倒れ、デクラークが新大統領に就くと風向きはかわっていった。デクラークは黒人との対話路線をとり、反政府運動を主導する政党を合法化し、黒人解放運動指導者ネルソン・マンデラを釈放するなど革新的な政策を推進。91年6月までにすべてのアパルトヘイト法を廃止した。

そして94年に行なわれた選挙の結果、マンデラが大統領に就任すると、南アフリカは、民主的で人種差別のない未来の建設を掲げて新たな社会づくりを始めたのである。

解放された黒人たちの光と影

アパルトヘイト撤廃によって移動・居住地などの制限を解かれた黒人の中からは、安定した職に就き、家や車を購入する者も現れた。こうした黒人中流層は、経済発展の起爆剤になる可能性を秘めているため、「ブラックダイヤモンド」とも呼ばれている。

しかし、その数は黒人の1割未満、約200万人に過ぎない。教育を受けていない黒人は依然として多く、貧困層は2倍に膨れ上がった。特に若者には十分な雇用が準備されておらず、07年における15～24歳の失業率は50%を超えている。

アパルトヘイトの時代には、たとえ奴隷のように屈辱的な扱いを受けたとしても、白人の使用人などの仕事が与えられていた。しかし現在はそんな仕事もなく、職に就けない黒人が国中に溢れている。彼らが生きてゆくために犯罪に走るのは、ある意味で当然といえ、失業した黒人の中には、「アパルトヘイト時代のほうがよかった」と語る者さえいるという。

□南アフリカ共和国

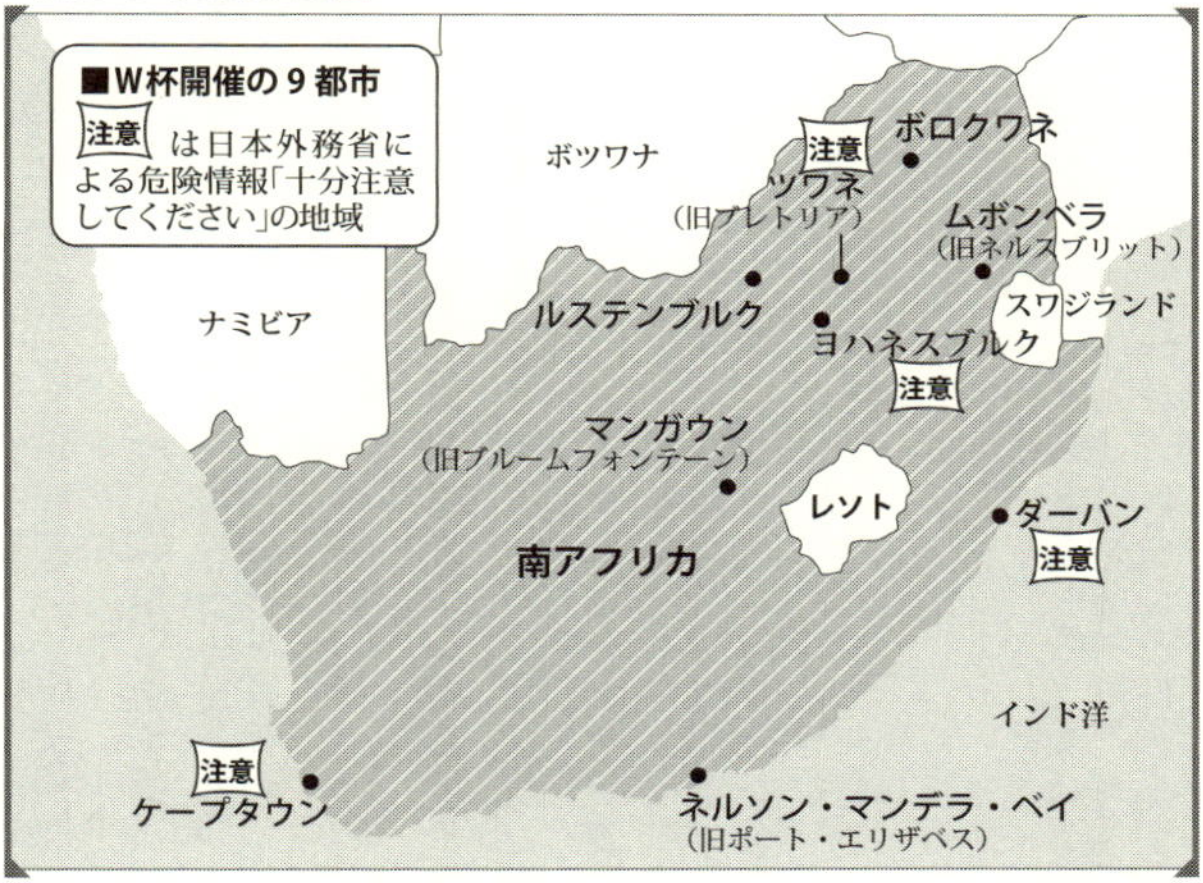

外国人を狙う犯罪行為

南アフリカ政府はW杯を無事に成功させようと躍起になっている。しかし、裕福な外国からの観光客が現地の犯罪組織のターゲットになる危険性は拭えない。

09年8月には、観光客が唯一安全に買い物ができるとされていたショッピングモールで強盗殺人事件が多発し、少なくとも4人が射殺された。高い柵に囲まれ、武装した警備員が随所に配備されていたにもかかわらず標的にされたのだ。

南アフリカが国際的評価を得るには、警察や司法体制の強化が必要だが、その前段階として黒人の失業問題の改善が何より急務とされている。

コンゴ民主共和国／コンゴ内戦

資源をめぐって勃発した「アフリカの世界戦争」

アフリカ中央部に位置するコンゴ民主共和国は、天然資源に恵まれた国である。ダイヤモンド、金、銀、銅、亜鉛、錫、石油のほか、コバルトやコルタンなどのレアメタルも豊富に埋蔵されている。中でもパソコンや携帯電話に欠かすことのできないコルタンは近年、世界的に需要が高まっており、コンゴ国内で利権をめぐる争いを誘発。２００８年には同国の東部に位置する南北キブ州での戦闘が激化し、20万人以上が避難民となった。

7ヶ国による大規模内乱

コンゴは他のアフリカ諸国同様、19世紀後半からヨーロッパの植民地支配を受けた。宗主国となったのはドイツやベルギーで、ベルギー国王レオポルド2世は、西ヨーロッパ全土に等しい約230万平方キロもの広大な土地を私有地にして莫大な利益を得たとされている。コンゴの不幸は、こうした独裁的な執政者が独立後にも登場し、資源国であるにもかかわらず国民が貧しい生活を強いられていることにある。

コンゴの独立は1960年。だが、多くの民族が混在する中での国家建設はうまく進まず、独立からわずか1週間で内戦へと突入してしまう。そうした中、65年に権力を掌握したのがモブツ大統領である。国名をザイールへと改称したモブツ大統領は、アフリカにおける反共の砦を標榜することで欧米から支援を引き出したほか、豊富な資源で私腹を肥やし、国家経済を破綻に陥れていった。

モブツ政権は実に32年間も続く。97年に独裁政権が倒れたのは、隣国ルワンダ政府の支援を受けたツチ族系のバニャムレンゲ族と、のちに大統領となるローラン・カビラ等が手を組み反政府活動を展開した結果だった。

カビラは新大統領に就任すると、国名をコンゴ民主共和国に変更。資本主義と集団主義が混在した政策を行なうが、やがてダイヤモンド採掘権を独占するなど独裁色を強めていった。しかも、要職に起用していたバニャムレンゲ族を冷遇し始めたため、怒ったバニャムレンゲ族が反政府活動に転じ、周辺国を巻き込んだ混乱へと突入していくのである。

カビラ政権打倒を掲げる反政府勢力は、ルワンダやウガンダから支援を得て、一時は首都キンシャサを陥落寸前にまで追い込んだ。対するカビラ政権は石油やダイヤモンドの採掘権譲渡をちらつかせてジンバブエ、アンゴラを味方につける。参戦国はこれだけにとどまらず、ブルンジが反政府側につき、スーダンとチャドが政府側につくなど次第に増加。最終的には7ヶ国を巻き込む長期の内戦に発展し、「アフリカの世界戦争」と称された。

ツチ族とフツ族の争いも絡む

99年になってようやく停戦協定が調印されたが、その後も交戦は続いた。和平の気運が高まるのは、01年にカビラが警察官に暗殺され、カビラの長男ジョゼフが大統領に就任してからだった。コンゴ新政権は、ルワンダやウガンダとの平和協定に調印するなど各国との関係改善に努め、さらには民主化や開放路線を打ち出したのだ。

ただし、ルワンダとの関係は未だに回復していない。冒頭に紹介した08年の南北キブ州での武力衝突も、コンゴ政府軍とルワンダ系の反政府勢力「人民防衛国民会議（CNDP）」によるものとされている。

この対立の背景には、コンゴ、ルワンダ両国が互いの反政府勢力を支援して、相手国の

□コンゴ民主共和国

政府を弱体化させようとしてきた過去が関係している。コンゴの反政府勢力であるツチ族系のCNDPをルワンダ政府が援助してきたのに対し、ルワンダの反政府勢力であるフツ族系のルワンダ解放民主軍（FDLR）はコンゴ政府が援助してきたのだ。

08年1月にはコンゴ政府とCNDPの間で停戦合意が成立したが、コンゴ政府が条件を守らなかったため、08年8月に戦闘が再開。09年1月にはコンゴ政府による掃討作戦が行なわれ、同年9月までの8ヶ月間で民間人1400人以上が殺されたとする報告がある。

資源の利権争いにツチ族、フツ族の抗争が絡んだコンゴの内戦は、まだまだ先行き不透明な状況が続いている。

スーダン共和国／スーダン内戦＆ダルフール紛争

ふたつの地域で継続する紛争 世界が注視する「人道危機」

北アフリカのスーダンでは、南部と西部で激しい武力抗争が行なわれている。南部では部族同士の衝突が繰り返され、西部では「史上最悪の人道危機」と呼ばれるダルフール紛争が勃発。2009年3月、これらの紛争を戦争犯罪ととらえた国際刑事裁判所（ICC）が、バシール大統領に逮捕状を出したことからも、この国の情勢の悪さがうかがえる。

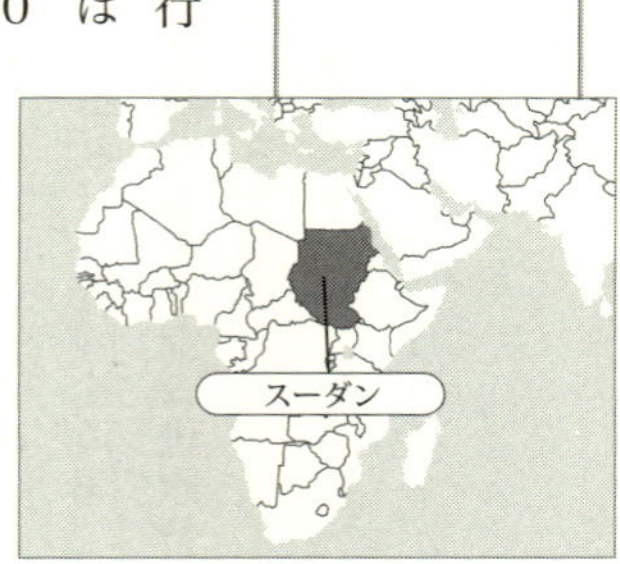

20年で200万人を殺害

アフリカ大陸最大の国で、日本の7倍の国土を有するスーダンには、多様な民族が暮らしている。北部から中部には人口の約7割を占めるイスラム教徒のアラブ系住民が多く、南部には3割を占める土着宗教やキリスト教を信仰するアフリカ系住民（黒人）が多い。

イギリス統治時代には、北部と南部の交流が禁止されていたため、１９５６年にひとつの国として独立した時から、両者は不安定な関係にあった。そして、結局は宗教・民族の違いから南北対立に発展してしまうのである。

スーダンが独立を遂げた時、独立運動の中心にいた北部のアラブ系住民たちはイスラム国家の樹立を切望した。その後83年になってヌメイリ大統領がイスラム法の導入を決定すると、これに反発したのが南部のアフリカ系住民たちだった。彼らは、スーダン人民解放軍（ＳＰＬＡ）を組織してゲリラ闘争を展開。ここからスーダン内戦と呼ばれる南北紛争へと突入していくことになる。

両者の対立が本格化するのは、89年にバシール大統領が誕生してからだった。イスラム原理主義組織と結託してクーデターで政権をとったバシールは、さらなるイスラム化政策を推進して南部を刺激した。加えて南部にある油田をＳＰＬＡなどから守るためにアラブ系住民に武器を与えたことで紛争が拡大。武装化したアラブ系住民は南部のアフリカ系住民の村々で略奪や殺人などを繰り返し、その結果、80年代からの20年間で２００万人が死亡、４００万人が難民もしくは国内避難民となってしまったのである。

南北の紛争に変化が起きるのは05年1月のこと。アメリカなどの国際社会が積極仲介に入ったことでスーダン政府と南部反政府勢力の間で和平交渉が進み、ついには南北包括和平合意が成立したのである。

これにより、南部に自治政府が置かれることになり、石油資源の収入の分配（南部の油田収入を北部が独占することを禁止）のほか、大統領選挙及び南部独立を問う住民投票などの実施が決まり、20年以上続いたアフリカ最長の紛争に終止符が打たれた。

南部独立の動き

こうして南北紛争は終結を見たはずであったが、近年になって不穏な動きが生じている。09年9月時点の国連の発表で、09年中に南部住民2000人以上が殺害され、25万人が家を追われたことが明らかになったのだ。南部自治政府は北部中央政府の関与を非難し、対立が深まりつつある。

紛争再燃の背景には、11年1月に実施される南部の独立を問う住民投票がある。すでに南部住民が独立を選ぶのは確実視されており、10年4月に行われるスーダン大統領選挙にも南部の本命であるキール氏は立候補せず、かわりに南部政府の大統領選挙に出馬を表明した。キール氏は、新国家でそのまま初代大統領に就任する目算であり、南部の独立は、

□スーダン共和国

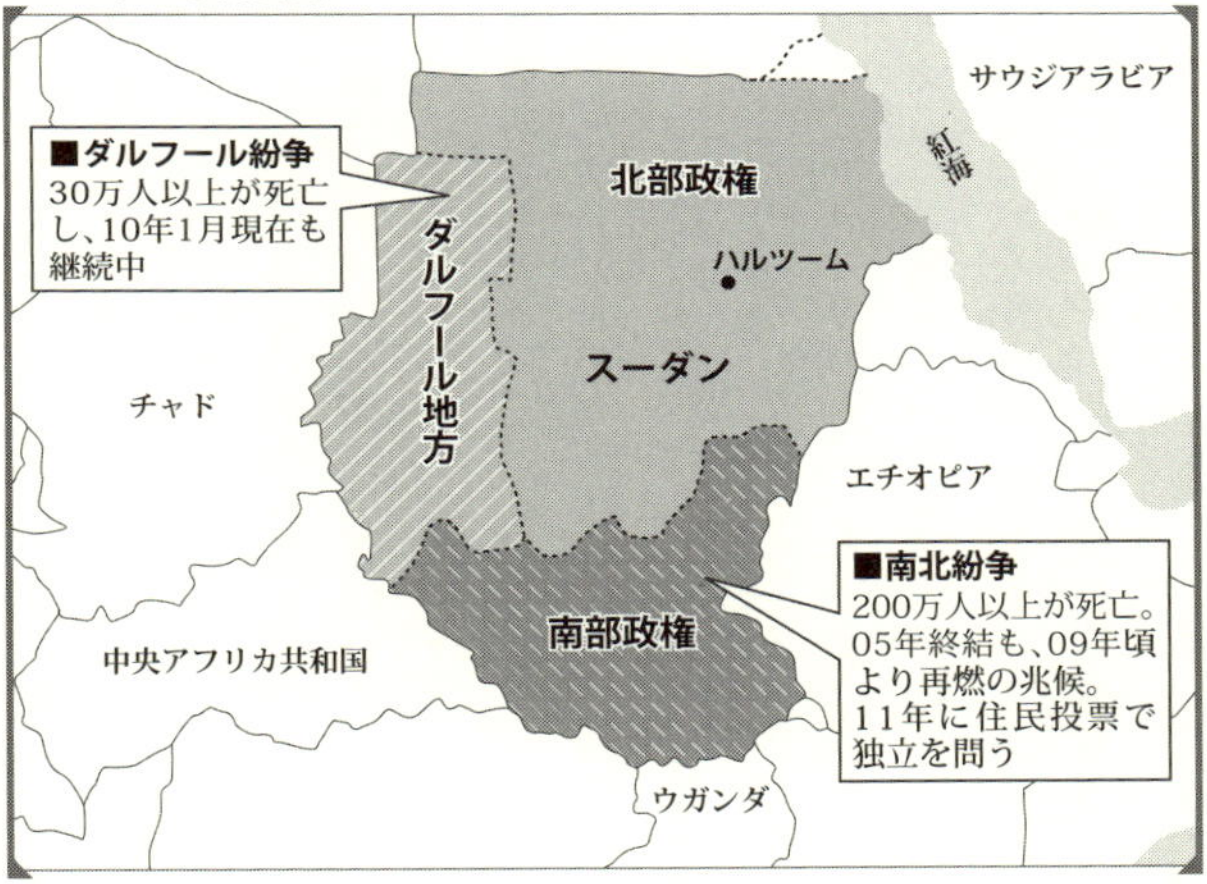
サウジアラビア
紅海
■ダルフール紛争
30万人以上が死亡し、10年1月現在も継続中
北部政権
ハルツーム
ダルフール地方
スーダン
チャド
エチオピア
■南北紛争
200万人以上が死亡。05年終結も、09年頃より再燃の兆候。11年に住民投票で独立を問う
南部政権
中央アフリカ共和国
ウガンダ

こうして既定路線になりつつあるものだ。
南部が独立すれば、北部中央政権は、南部に集中している石油資源を失うことになる。それゆえ殺害行為等で混乱をつくり南部政権の崩壊を目論んでいるというのが、南部政府の言い分である。北部はもちろんこれを否定している。このまま住民投票となれば、本格的な紛争の勃発が懸念される状況にある。

もうひとつの紛争

スーダンにはもうひとつ、西部ダルフール地方にも大規模な紛争が存在する。こちらもバシール政権下で勃発したもので、隣国チャドの内政を揺るがすほどの事態は、10年1月時点でまだ解決していない。

この地域では、かつてアラブ系住民とアフリカ系住民が共存していた。しかし03年2月、地元のアフリカ系住民はバシール政権による政治的・経済的差別に反発して武力闘争を開始した。これに対してバシールは、ジャンジャウィドと呼ばれるアラブ系民兵組織を支援し、ダルフールの住民を攻撃。ジャンジャウィドは銃などの軽装備はもちろん、政府軍の爆撃機や戦車までを使い、女性、子どもの区別なく虐殺したのである。

一説によると、スーダン政府は国内の干ばつ対策としてアフリカ系住民を殲滅しようとしているともいわれている。豊富な地下水が眠る地域からアフリカ系住民がいなくなれば、アラブ系住民が水脈の恩恵にあずかれるという目論見だ。

こうした虐殺や追放行為の結果、現在までに30万人以上が死亡、200万人以上が国内避難民となり、数十万人が国境を接する隣国チャドでの難民生活を強いられている。

09年、アメリカのオバマ大統領はスーダン政府に対し「和平を推進しなければ真の圧力を加える」と発言、強い姿勢で臨むことを明確にした。また、冒頭のようにＩＣＣはバシールに逮捕状を出した。しかし、バシール政権は石油開発等で強く結びつく中国を後ろ盾にこうした動きを牽制。逮捕は見送られ、現在のところ紛争解決のめどはたっていない。

エチオピア連邦民主共和国／イイグラ三角地帯紛争&オガデン問題

未解決の国境問題でくすぶるふたつの火種

エチオピアは隣国との間に国境問題を抱えている。北部で接するエリトリアとは「イイグラ三角地帯」をめぐって揉めており、西南部で接するソマリアとは「オガデン地方」での国境侵犯事件が懸念材料となっている。エリトリアとソマリアの両国とはかつて国境問題で戦火を交えたこともあり、争いがいつ再発してもおかしくない状況が続いている。

肥沃な三角地帯をめぐるエリトリアとの対立

１９４１年、エチオピアがイタリアから独立する時、その支配下にあったエリトリアでも独立が叫ばれた。これがエチオピアとエリトリアの対立の始まりである。52年、エリトリアは国連決議によりエチオピアと連邦を組む形で独立したが、これは両国にとって満足のいくものではなかった。

そのため、エチオピアは62年にエリトリアを州として併合するという強硬手段に打って出る。これに対し、エリトリアは分離独立を求める抵抗運動を展開。約30年にわたる闘争の末、91年にエリトリア暫定政権を樹立し、住民投票を経て独立を果たした。

そして、この独立の際に争点となったのが、国境付近に位置するイイグラ三角地帯である。同地帯は約400平方キロの肥沃な土地で金鉱もあった。しかし植民地時代から帰属が曖昧だったため双方ともに領有権を主張し、98年、ついに武力衝突に発展したのである。

小国のエリトリアは3万人以上の女性兵士が参戦するなど総力戦で対抗。しかし、国力の差は埋められず2000年にエチオピアが勝利宣言し、三角地帯をほぼ支配下に置いた。

こうして紛争自体は解決したが、破壊されたインフラの復興をはじめ退役兵士や難民・国内避難民の社会復帰など、同地域は多くの課題を抱えることとなった。国連による国境地帯の管理も続いており、不安定な状況は続いている。

ソマリア人による誘拐事件

一方、エチオピア東部のソマリ州オガデン地方では、無政府状態が長く続く隣国ソマリ

□エチオピア連邦民主共和国

アからソマリア人が入ってきて、たびたび誘拐事件を起こしている。08年9月には国際医療団体に属する日本人女性医師がターゲットになり、3ヶ月以上にわたって監禁された。

オガデン地方が不安定になっているのは、同地の住民の多くがソマリア人と同じソマリ族で、エチオピアからの分離独立をめざす動きが見られるからである。

現在、大規模な衝突は起こっていないが、ソマリ族の兵士を中心に組織されたオガデン民族解放戦線（ＯＮＬＦ）がエチオピア政府への抵抗運動を続けているため、国境地帯の緊張は解けていない。今後、ソマリアの過激派が支援を強化すれば紛争に発展する可能性もあり、こちらも成り行きが注目されている。

ペルー共和国／左翼ゲリラ運動

世界第2位のコカイン生産国 資金源を得たテロ組織が復活

２００９年4月、ペルー南東部のアヤクチョ州でペルー軍の部隊がパトロールをしていたところ、ダイナマイトや手榴弾による待ち伏せ攻撃にあい、13人の兵士が死亡するテロ事件が起きた。犯人は左翼ゲリラのセンデロ・ルミノソ（「輝く道」の意）で、彼らは前年10月にも同じような待ち伏せ攻撃を実行し、兵士12人と民間人２人を死亡させている。

フジモリ元大統領の没落とテロ組織の復興

ペルーの左翼ゲリラといえば、１９９６年に日本大使館を占拠したトゥパク・アマル革命運動（ＭＲＴＡ）を思い起こす人が多いだろう。ＭＲＴＡは日系ペルー人のフジモリ大統領のテロ組織掃討作戦によって武装路線の放棄に追い込まれたが、もうひとつの大勢力であるセンデロ・ルミノソは弱体化しながらも残党が武力闘争を続けてきた。

そして近年、このセンデロ・ルミノソが勢力を拡大しつつある。ペルーはコロンビアに次ぐ世界第2位のコカイン生産国であり、この資金がセンデロ・ルミノソのテロ活動を活発化させているのである。07年に相次いで警察署襲撃事件を起こすと、09年8月には政府軍との間で銃撃戦を演じて双方合わせて6名が死亡。ほかにも、政府軍にたびたび待ち伏せ攻撃を仕掛けているのは前述した通りである。

そもそもペルーには、左翼ゲリラを生みやすい土壌がある。1821年にスペインから独立して以来、権力を握る白人と貧しい先住民たちの間に不平等が生じ、貧困層が著しく増えた。彼らの中には政治・経済的にさまざまな不満を抱え、武力闘争によって社会をかえようとする者も少なくなかった。センデロ・ルミノソやMRTAは、そうした人々の受け皿になり、80年頃から次々と反政府的な事件を起こしていったのである。

90年代にはフジモリ大統領の対テロ政策が奏功して左翼ゲリラの活動は沈静化した。しかし、その掃討作戦で実行部隊が市民をも殺害した罪で責任者のフジモリ氏は現在ペルー当局に拘束されている。10年1月には禁固25年が確定し、政治生命は絶たれている状態だ。

失業や貧困という慢性的な問題は残っており、ペルーの平和はまだ実現されそうにない。

終章　日本の問題

日本／北朝鮮問題＆竹島・尖閣諸島問題等

島国日本が抱える周辺諸国との紛争

日本は周りを海に囲まれた島国だが、近隣諸国との間に多くの難問を抱えている。北朝鮮との日本人拉致問題と核問題、ロシアとの北方領土問題、韓国との竹島問題、中国・台湾との尖閣諸島問題などである。どれも長年にわたって議論されているが、解決には至っていない。最終章では、日本もまた「紛争」の火種を抱えている点を改めて確認していく。

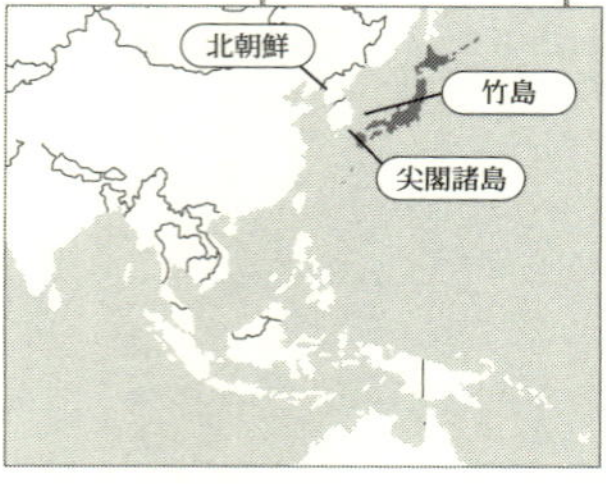

拉致問題、核開発で世界を震撼させる北朝鮮

1997年、韓国（大韓民国）に亡命していた北朝鮮（朝鮮民主主義人民共和国）の人物が、新潟県で消息を絶った横田めぐみさんが北朝鮮工作員により拉致されたことを明らかにした。さらに2002年には「よど号事件」の犯人の妻が、ほかにも日本人拉致が行なわれ

ていたことを明かす。日本は北朝鮮に対する不審感を強め、国交正常化を凍結した。

この拉致問題が大きな進展を見せたのは02年のことだった。当時の小泉純一郎首相が金《キム・》正日《ジョンイル》総書記と会談し、日朝平壌《ピョンヤン》宣言をまとめて国交回復に着手。人道支援をするかわりに、5人の拉致被害者を「一時」帰国させることに成功した。しかし、24年ぶりに故国の土を踏んだ5人を北朝鮮に「戻す」のを日本政府が拒否したことから、北朝鮮政府は態度を硬化。以降、残る十数人の拉致被害者の消息は不明のままとなっている。

北朝鮮には、核開発問題もある。核の問題は、1993〜94年にかけてアメリカと「米朝枠組み合意」を結んだ時から始まる。内容は、北朝鮮がプルトニウム関連の各施設を凍結・解体するかわりに、アメリカや韓国などが比較的リスクの低い軽水炉2基を建設するというものだった。しかし、北朝鮮は合意したように見せて、実は高濃縮ウランによる核開発を進めていたことが発覚。軽水炉の建設工事は02年に中止されることとなった。

03年からは米朝中韓日露が参加しての6ヶ国協議が開催され、北朝鮮もいったんは核の放棄を約束した。しかし、06年、北朝鮮はついに核実験を敢行。国連安保理が制裁決議を採択すると、その後、再び6ヶ国協議で核放棄に向けて前向きな姿勢を見せたが、09年5月、2度目の核実験を実施する事態となった。

約束を反故にする北朝鮮の姿勢に、国際社会は経済制裁を強めてきた。だが、北朝鮮はそのたびに何かしらの「交渉カード」を切っては、国際社会を煙に巻いてきた。

北朝鮮が繰り出す交渉カードは、核以外では定期的な弾道ミサイル「テポドン」があり、これまで3回発射されている。1回目は98年、2回目は06年、3回目が09年。専門家はアメリカやソ連が50～60年代にやっていた開発レベルに過ぎないと分析しているが、それでも核弾頭を運搬するには十分とされ、日本にとっての脅威が増しているのは間違いない。

国際社会は6ヶ国協議のテーブルで北朝鮮の説得に努める構えだが、北朝鮮はそのテーブルに上がることもまた交渉カードにしており、事態は遅々として進んでいない。

北方領土をめぐるロシアとの駆け引き

日本とロシアの間には北方領土問題がある。歯舞《はぼまい》群島、色丹《しこたん》島、国後《くなしり》島、択捉《えとろふ》島の北方4島の帰属をめぐって両国が対立を続けており、解決の兆しがいっこうに見えない。

日本は、18世紀末から江戸幕府の直轄地として北方の島々の開拓を進めてきた。ロシアとはじめて国境の取り決めを行なったのは1855年の日露和親条約で、これにより北方4島は日本の領土となった。そして1875年の樺太千島交換条約では、日本は樺太を放棄するかわりにロシアから千島列島を譲り受けた。さらに日露戦争に勝利すると、１９０５年のポーツマス条約により、北緯50度以南の南樺太を再び手に入れたのだ。

ロシアが北方領土に入ったのは、第二次世界大戦末の１９４５年のことである。日本とロシア（当時はソ連）は不可侵条約を結んでいたが、ロシアは、１ヶ月もしないうちに北方４島を占領。ロシア人の移住が進み、現在に至っている。

日本は一貫してこれに抗議している。その論拠には、戦時中に連合国側が発したカイロ宣言に「日本は第一次世界大戦で得た地域を手離さなければいけない」とあること、さらに終戦時のポツダム宣言に「領土についてはカイロ宣言が守られるべきだ」と記されていることがある。北方４島は一度も他国の領土になったことのない島であり、第一次世界大戦により奪った島でもない。ゆえにそこは日本の国土である、というのが日本側の主張だ。

その後、56年の日ソ共同宣言において、ソ連は歯舞と色丹の2島を返すことに同意した。しかしそれ以降、日露間で何度も会談が行なわれながら具体的な進展はない。

現在、注目されるのは鳩山由紀夫政権で新たな展開があるかである。日ソ共同宣言に署名した当時の首相は祖父・鳩山一郎だった。50年以上の時を経て引きつがれる、鳩山政権の対話路線の行方が注目される。

韓国とは竹島、中国・台湾とは尖閣諸島を争う

日本は韓国との間にも竹島に関して領土問題を抱えている。日本海に浮かぶ竹島は、江戸時代から日本が実効支配していた島である。1905年に竹島を島根県に編入した際には、朝鮮（韓国）側からは何も異論がなかった。しかし韓国側は、当時は日本から軍事的圧力をかけられており、抗議できなかったと主張している。

日韓両国がこの小島にこだわる理由は排他的経済水域（EEZ）にある。国際海洋法条約によると、自国の領土から200カイリの水域内にある水産資源や天然資源は、その国が優先的に開発する権利を持つ。日韓とも、竹島の領有によりEEZの範囲が広がるのだ。

2006年、日本の海上保安庁が竹島周辺で海洋調査をしようとした際には、韓国側との間で一触即発の事態に発展した。日韓の激しい応酬は今なお続いている。

他方、日本、中国、台湾それぞれが領有権を主張しているのが、沖縄本島の南西約300キロの海域にある尖閣諸島である。第二次世界大戦終了後、この海域はアメリカの管理下にあったが、72年に沖縄とともに日本に返還された。

しかし中国は、最大350カイリまでの大陸周辺部では自国の主権を行使できるという国連が定めた条約を採用して、そこを自国の領土だとしている。台湾は、尖閣諸島は中華

□日本

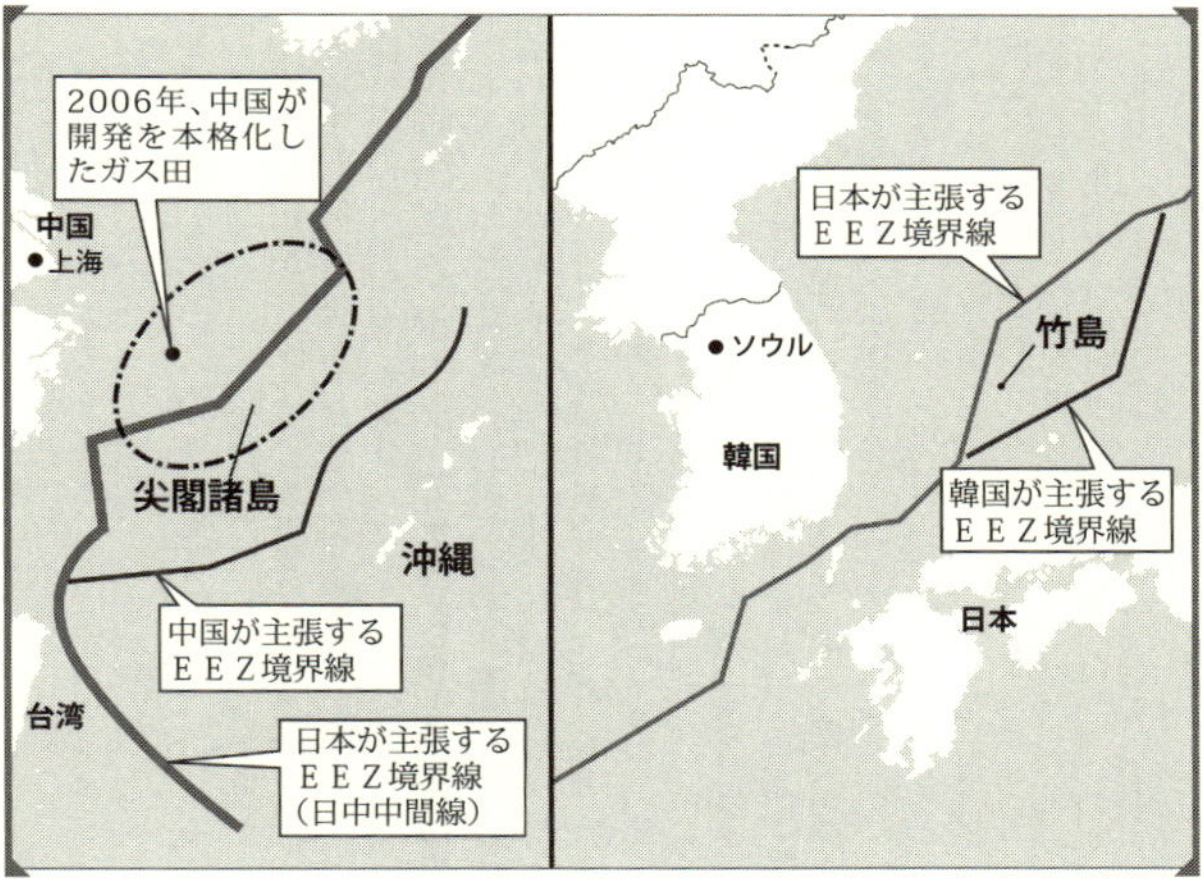

民国政府が領有すべきだと譲らない。

わずか1ヘクタール（100メートル四方の面積に相等）ほどの岩礁に過ぎない尖閣諸島に、ここまで大きな注目が集まるのは、この周辺海域に豊富なガス田が眠っている可能性が高いからだ。中国は日本に先駆けてガス田開発に着手。06年には日本にガス田の共同開発をもちかけてきたが、日本は尖閣諸島の領有問題はすでに解決済みとの姿勢を見せ、この提案を拒否した。

鳩山首相は東シナ海を「友愛の海」にしたいと語る。だが、中国は日本の領有権や国際法を無視して自国の権利を主張している。強硬姿勢をとる中国との温度差はあまりに大きい。

【参考文献】 左記の文献等を参考にさせていただきました。

・「コーカサス 国際関係の十字路」廣瀬陽子（集英社）
・「民族の世界地図」21世紀研究会編（文藝春秋）
・「言語世界地図」町田健（新潮社）
・「『世界地図』の意外な読み方」正井泰夫・監修（青春出版社）
・「ひと目でよく分かる イラスト図解版 世界の紛争地図」ロム・インターナショナル（河出書房新社）
・「世界の奇妙な国境線」世界地図探求会（角川ＳＳコミュニケーションズ）
・「ニュースがわかる！　紛争地図図解」浅井信雄・監修（青春出版社）
・「どこで？なぜ？一目でわかる世界紛争地図」インターナショナル・ワークス・編集（幻冬舎）
・「紛争の世界地図」宮田律（日本経済新聞社）
・「世界紛争地図」（双葉社）
・「世界の紛争がよくわかる本」毎日新聞社外信部・編著（毎日新聞社）
・新聞各紙（「朝日新聞」「毎日新聞」「読売新聞」「産経新聞」）
・「外務省」のホームページ等を参考にしました

※なお、記載情報は、２００９年12月を期限とし、部分的に２０１０年2月初め時点までのものになります。

著者略歴

「世界情勢」探求会(せかいじょうせいたんきゅうかい)

紛争から世界史を見ることを目的とした研究会。歴史の流れの中にある「現在の紛争」を、民族・宗教といった歴史的背景から、大国との利害関係といった現代情勢まで整理・収集し、情報発信している。構成メンバーは「世界地図探求会」として世界地理に通じている者も多く、著書に『世界の奇妙な国境線』(角川SSC新書)がある。

角川SSC新書096

世界紛争地図

2010年3月25日 第1刷発行

著者 「世界情勢」探求会

発行者 太田 修

発行 株式会社 角川SSコミュニケーションズ
〒105-8405 東京都港区虎ノ門2-2-5 共同通信会館4階
編集部 電話03-5860-9860

発売 株式会社 角川グループパブリッシング
〒102-8177 東京都千代田区富士見2-13-3
販売部 電話03-3238-8521

印刷所 株式会社 暁印刷

装丁 Zapp! 白金正之

ISBN 978-4-04-731519-8

落丁、乱丁の場合は、お手数ですが角川グループ受注センター読者係までお申し出ください。送料は小社負担にてお取り替えいたします。

角川グループ受注センター読者係
〒354-0041
埼玉県入間郡三芳町藤久保550-1
電話049-259-1100(土、日曜、祝日除く9時～17時)